Münsterschwarzacher Kleinschriften

herausgegeben
von den Mönchen der Abtei Münsterschwarzach

Band 39

Anselm Grün

Dimensionen des Glaubens

Vier-Türme-Verlag

7., überarbeitete und aktualisierte Auflage 2004
© Vier-Türme GmbH, Verlag, Münsterschwarzach
Alle Rechte vorbehalten
Umschlaggestaltung: Morian & Bayer-Eynck, Coesfeld
Umschlagmotiv: Morian & Bayer-Eynck, Coesfeld
Gesamtherstellung: Vier-Türme GmbH, Benedict Press,
Münsterschwarzach
ISBN 3-87868-350-2
ISSN 0171-6360

Inhalt

Einleitung

In Gesprächen höre ich immer wieder die Klage:
»Ich kann nicht glauben. Ich tue mich schwer mit
dem Glauben.« Andere wissen nicht mehr, was
sie glauben sollen. Oft werde ich danach gefragt,
wie man denn aus dem Glauben konkret leben
könne. Ich versuche, genau hinzuhören, was die
Menschen unter Glauben verstehen. Es ist nicht
so klar, was der einzelne mit dem Leben aus dem
Glauben meint. Manche denken beim Glauben an
das Gesamt des religiösen Lebens, an die Frage,
wie ich heute in einer Welt, in der alles berechenbar ist, aus dem Glauben heraus mein Leben gestalten könne. Andere denken beim Glauben an
die konkreten Sätze, die sie glauben sollten. Dabei
höre ich große Verunsicherung heraus. Sie wissen
gar nicht, wie sie die vielen Dogmen oder wie sie
das Glaubensbekenntnis verstehen sollen. In diese
Unsicherheit hinein möchte ich einige Aspekte des
Glaubens in dieser Kleinschrift entfalten.

Das Vorbild des Glaubens sieht die Bibel in
Abraham. Der Apostel Paulus zitiert in seinem
Brief an die Galater die Aussage der Schrift: »Abraham glaubte dem Herr, und der Herr rechnete es
ihm als Gerechtigkeit an.« (Genesis 15,6; Galater
3,6) Der Glaube des Abraham bestand darin, daß

er dem Wort Gottes mehr traute als dem, was er sich selbst geschaffen hatte. So gehorchte er dem Wort Gottes und zog aus seiner Heimat aus, um sich dort niederzulassen, wo Gott es ihm befohlen hatte. Glaube hat hier mit Vertrauen, aber auch mit Gehorsam zu tun. Ich verlasse mich auf die Zusage Gottes und handle ihr entsprechend.

Der Hebräerbrief bringt als einziges biblisches Buch eine Definition des Glaubens: »Glaube aber ist: Feststehen in dem, was man erhofft, Überzeugtsein von Dingen, die man nicht sieht.« (Hebräer 11,1) Hier erscheint ein anderes Verständnis des Glaubens. Glaube ist hier Feststehen, auf einem festen Grund stehen. Auch das Alte Testament kennt dieses Glaubensverständnis, wenn es bei Jesaja heißt: »Glaubt ihr nicht, so bleibt ihr nicht.« (Jesaja 7,9) Man könnte dieses Wort auch so übersetzen: »Glaubt ihr nicht, dann habt ihr keinen festen Stand.« Der Glaube gibt meinem Leben eine feste Grundlage, auf der ich bauen kann. Aber diese Grundlage besteht nicht in einzelnen Sätzen und Worten, sondern letztlich in Gott. Glauben heißt: auf Gott bauen, ihm vertrauen, von ihm her mein Leben verstehen.

Die Dogmatik unterscheidet zwischen dem, was ich glaube (fides quae creditur), und dem Glauben als Akt des menschlichen Daseins (fides qua creditur). Und sie kennt den Glauben an eine Person (fides cui creditur). Im letzteren Sinn ist der Glaube nicht nur das Vertrauen in Gott als dem, der mich geschaffen und mich in Jesus Christus erlöst hat, sondern schließt auch die Hingabe an Gott und die Selbstübergabe an Gott mit ein. Der Glaube besteht darin, daß ich nicht krampfhaft an mir festhalte, sondern mich Gott überantworte, weil ich diesem Gott vertraue, daß er es gut mit mir meint, und daß er weiß, was für mich der Weg ist, der zum wirklichen Leben führt. Und die Dogmatik spricht von den Glaubensinhalten. Schon die frühe Kirche hat ihren Glauben in konkreten Sätzen ausgedrückt. Der zentrale Satz ihres Glaubens war dabei: Christus ist für uns gestorben, und er ist auferstanden. Tod und Auferstehung Jesu sind die zentralen Inhalte des Glaubens. Aber sie sind nicht einfach Sätze, an denen man festhalten und die man sich gegenseitig um die Ohren schlagen könnte. Vielmehr verwandelt sich durch das Ereignis des Todes und der Auferstehung Jesu unser gesamtes Leben. Unser Leben bekommt eine neue Grundlage. Und wir können uns anders verstehen. Der Glaube an den Tod und die Auferstehung Jesu schenkt uns ein neues Selbstverständnis und eine neue Sicht des Lebens.

In dieser Kleinschrift vermag ich nicht eine neue Theologie des Glaubens zu entfalten. Es geht mir nur darum, auf dem Hintergrund der vielen Gespräche auf einige Aspekte des Glaubens einzugehen. Ich möchte den Menschen mit ihren Fragen antworten, die sie mir oft nach Vorträgen stellen. Dabei gehe ich von der Bibel und von der Dogmatik aus. Aber ich versuche, die Aussagen der Heiligen Schrift und der christlichen Tradition mit Erkenntnissen heutiger Psychologie zu verbinden. Dabei ist mir besonders die *transpersonale Psycho-*

logie wichtig geworden. Die Auseinandersetzung mit ihr hat mir einen neuen Aspekt des Glaubens gezeigt: »Glauben als Übersteigen unserer Wirklichkeit«. Dieser Aspekt ist nicht neu. Denn ihn hat schon das Johannesevangelium entfaltet. Dort heißt es: Wer glaubt, »ist aus dem Tod ins Leben hinübergegangen« (Johannes 5,24). Der Glaube ist also ein Aussteigen aus einer erstarrten Welt des Funktionierens und ein Hinübergehen in eine andere Welt, in die Welt Gottes. Ich lebe mitten in der Welt aus Gott heraus. Ich übersteige das, was ich sehe, und versuche, das Sichtbare von der Ebene des Glaubens aus zu verstehen und auf diese Weise anders damit umzugehen.

Die transpersonale Psychologie bezieht sich auf diese Ebene jenseits der psychologischen Ebene, auf die Ebene des transpersonalen Selbst, auf die Ebene, auf der unser wahres Selbst eingetaucht ist in Gott. Im Glauben übersteigen wir die Ich-Ebene, auf der wir normalerweise leben, auf der wir bestimmt sind von unserem Bedürfnis nach Anerkennung, Erfolg, Zuwendung, Besitz, Macht, Zärtlichkeit und Liebe. Im Glauben verlassen wir diese Ebene. Wir benutzen den Glauben nicht, um unser Bedürfnis nach Geborgenheit und Zuwendung zu befriedigen, sondern wir stoßen im Glauben auf unser eigentliches Geheimnis vor, auf das Geheimnis unseres Selbst, das nicht mehr berührt ist von Ängsten und Enttäuschungen, Wünschen und Bedürfnissen, sondern das verbunden ist mit Gott.

Bei diesem Modell »Glauben als Übersteigen« definieren wir uns nicht mehr von unserer Leistung und Anerkennung her, von dem, was die Menschen von uns halten und über uns sagen, sondern von dem her, was Gott von uns hält, und was Gott von uns sagt, von dem her, was Gott mit uns und aus uns macht, was wir von Gott her sind, nämlich, daß wir Söhne Gottes sind, daß wir mit Christus auferweckt worden sind. Von der Definition unseres Menschseins hängt es ab, wie wir mit unserem Leben zurechtkommen, wofür wir uns anstrengen, wodurch wir enttäuscht werden, ob wir uns überfordern oder aber gelassen und froh, frei und zufrieden leben können. Die Definition des Glaubens ermöglicht es uns, die Ebene von Erfolg und Anerkennung zu übersteigen und zu unserem eigentlichen Geheimnis vorzudringen.

In Beichtgesprächen und Vorträgen durfte ich erfahren, daß der Ansatz der transpersonalen Psychologie für viele eine Hilfe war, daß er ihnen unmittelbar einleuchtete und ihnen zeigte, wonach sie im Glauben suchen sollten. Der Ansatz ermöglichte es ihnen, die Definition der Bibel von unserem erlösten Dasein mit offenem Herzen aufzunehmen und zu verstehen. Auf einmal wurde klar, was der Epheserbrief als Wesen unserer Existenz beschreibt:

»Gepriesen sei der Gott und Vater unseres Herrn Jesus Christus; er hat uns mit allem Segen seines Geistes gesegnet durch unsere Gemeinschaft mit Christus im Himmel. Denn in ihm hat er uns erwählt vor der Erschaffung der Welt, damit wir heilig und untadelig leben vor Gott; er hat uns aus Liebe im voraus dazu bestimmt, seine Söhne

zu werden durch Jesus Christus und nach seinem gnädigen Willen zu ihm zu gelangen, zum Lob seiner herrlichen Gnade.« (Epheser 1,3–6)

So möchte ich diesen Ansatz hier entwickeln und dann durch die Aussagen des Johannesevangeliums weiter entfalten. Denn das Johannesevangelium entspricht am besten diesem Modell. Es sagt uns, wer wir sind, nicht, was wir sein sollen, und auch nicht in erster Linie, was wir tun sollen. Während das Verständnis des Glaubens als Vertrauen durch eine tiefenpsychologische Schriftauslegung[1] vertieft werden kann, so wird uns hier eine theologische Schriftauslegung zur Erkenntnis führen, wer wir im Grunde eigentlich sind. Die theologischen Aussagen über unser wahres Wesen stehen dann nicht in einem luftleeren Raum, sondern lassen uns in einer neuen Weise leben und mit den Problemen unseres Alltags fertig werden.

Erst vom Geheimnis unserer Erlösung her können wir dann auch die Forderungen des Glaubens richtig verstehen, wie sie uns etwa in der Bergpredigt Jesu und in seinen Nachfolgeworten begegnen. Das Tun folgt aus dem Sein. Erst wenn wir verstanden haben, wer und was wir sind, was wir durch Jesus Christus geworden sind, können wir seine Weisungen als Weg in die Freiheit der Söhne und Töchter Gottes sehen, ohne uns von ihnen überfordert zu fühlen und ohne uns von ihnen in Angst versetzen zu lassen. In der Bergpredigt wird uns ein Weg gezeigt, wie wir im Alltag aus dem Glauben heraus leben und unser Miteinander gestalten können.

Die verschiedenen Dimensionen des Glaubens, die ich in dieser Kleinschrift zu entfalten versuche, wollen den Menschen helfen, die sich mit dem Glauben heute schwertun. Heute gibt es ja zwei grundlegende Gefahren bei der Suche nach einem Glauben, der trägt. Die eine Gefahr ist die Ausdünnung des Glaubens auf einige vage Vorstellungen von einer höheren Macht, die es wohl gibt. Man reduziert den Glauben auf das, was heute alle glauben, und was auf dem großen spirituellen Markt angeboten wird. Dieser Gefahr möchte ich begegnen, indem ich bewußt auf die dogmatischen und biblischen Grundlagen des Glaubens eingehe. Die zweite Gefahr ist die fundamentalistische Richtung. In ihrem Streben nach einer sicheren Grundlage für ihren Glauben legen die Fundamentalisten sich auf einzelne Worte und Sätze fest, die sie vehement gegen alle Andersdenkenden verteidigen. Aber sie fragen nicht danach, was die Glaubensaussagen eigentlich bedeuten. Sie wollen alle Zweifel überwinden, indem sie sich krampfhaft an dogmatischen Aussagen festklammern. Doch der Zweifel gehört notwendig zum Glauben. Der Zweifel zwingt uns, uns immer wieder zu vergewissern, worauf wir wirklich unser Leben bauen und was die einzelnen Aussagen des Glaubens wirklich meinen. Er zeigt uns, daß Gott immer jenseits unserer Worte und Bilder ist. Es ist immer der unbegreifliche und unbeschreibliche Gott, an den wir glauben. Die vielen Dimensionen des Glaubens wollen uns davor bewahren, uns zu einseitig auf einzelne Sätze zu fixieren.

Auch auf eine andere Not möchte ich mit dieser Kleinschrift antworten. Ich erlebe viele, die aus dem Glauben leben möchten, aber es nicht vermögen, weil verletzende Erfahrungen in der Kindheit oder traumatische Erlebnisse in ihrer kirchlichen Sozialisation sie daran hindern. Die mangelnde Erfahrung von Urvertrauen in ihrer Kindheit macht es ihnen schwer, wirklich auf Gott zu vertrauen. Sätze wie »Das mußt du einfach glauben« haben sie wie eine Keule erlebt, aber nicht als Hilfe für ihr Leben. Auf ihre Fragen wurde nicht eingegangen. So haben sie den Glauben eher als etwas erlebt, das man einfach schlucken muß, ohne zu hinterfragen, was man glaubt. Als sie angefangen haben, selbständig zu denken, haben sie den Glauben häufig über Bord geworfen. Jetzt spüren sie, daß er ihnen fehlt. Auf ihre Erfahrungen möchte ich antworten, indem ich meine eigenen Fragen bedenke und ernst nehme. Ich möchte den Lesern und Leserinnen einen Weg zeigen, daß ihr Glaube vor ihrem eigenen Verstand und vor ihrem Herzen Bestand hat, und daß sie sich mit gutem Gewissen auf den Weg des Glaubens einlassen können.

I. Glauben in den Bildern der Sprache

In Gesprächen über die Dogmen tauchten zwei Schwierigkeiten auf. Die einen Gesprächsteilnehmer hatten überhaupt Probleme mit den Dogmen. Für sie sind die Dogmen Sätze, die wir für wahr halten müssen. Und sie fragen, wie denn die Kirche die Wahrheit so unfehlbar erkennen und verkünden könne. Bei Dogmen denken sie gleich an das Lehramt, das in kirchlicher Enge alle abweichenden Meinungen verurteilt. Dogmen sind für sie nichts Befreiendes, sondern etwas Einengendes, Angstmachendes. Die anderen dagegen haben Angst, die Dogmen zu hinterfragen. Sie meinen, damit würden die Dogmen sofort relativiert. Doch Aufgabe der Theologie ist es – so sagt es mein Namenspatron, der hl. Anselm –, immer wieder zu fragen, welche Erfahrung hinter den Sätzen des Glaubens steckt. »Fides quaerens intellectum – Der Glaube sucht nach Einsicht«, das ist das Programm des hl. Anselm. Es heißt für mich, immer wieder neu zu fragen: Was ist damit gemeint? Wie kann ich dieses Dogma verstehen? In welcher Sprache kann ich es heute formulieren, daß ich selbst und andere etwas damit anfangen können. Die Dogmen müssen in jeder Zeit neu in die jeweilige Zeit übersetzt werden. Ich kann mich nie damit zufriedengeben, ein Dogma ausreichend erklärt zu haben. Dogmen habe in sich eine Weite, daß sie immer wieder neu in jede Situation hinein übersetzt werden müssen. Die Sprache versucht, das Unaussprechliche auszudrücken, so daß unser Verstand es begreifen und annehmen kann.

Ich will versuchen, auf beide Schwierigkeiten einzugehen. Zunächst ist das Mißverständnis zu beseitigen, daß Dogmen uns etwas über irgendwelche seltsamen Dinge und Fakten sagen wollen, die wir dann einfach, ohne sie nachzuprüfen, annehmen müssen. Die Dogmen entfalten nur die eine Tatsache, daß wir durch Tod und Auferstehung Christi erlöst worden sind. Um dieses zentrale Geheimnis unseres Glaubens geht es in allen dogmatischen Sätzen. Damit aber beziehen sich alle Glaubenssätze auf uns Menschen, auf unsere Beziehung zu Gott, auf Gottes Tun an uns. Sie deuten uns unsere Erfahrung von Heil und Erlösung. Sie sind keine abstrakten Sätze, sondern drücken menschliche Erfahrungen aus. Um die Dogmen daher richtig zu verstehen, müssen wir nach den Erfahrungen fragen, die dahinterstehen, und die in ihnen Gestalt gewonnen haben. Wenn wir nach den Erfahrungen suchen, die sich in den Dogmen ausdrücken, so werden wir uns in den Dogmen wie in einem Spiegel sehen. Und wir werden uns in diesem Spiegel besser und wirklichkeitsgerechter erkennen als durch bloße Innenschau. Die Dogmen sagen uns, wer wir eigentlich sind, was das Geheimnis unseres Lebens, unserer erlösten Existenz ist. Die Dogmen rufen in uns die Erfahrungen wach, die wir auf dem Grund unserer Seele gemacht, die wir aber immer wieder verdrängt haben, weil wir keine Worte dafür fanden. Weil wir keinen Ausdruck für unsere Erfahrung hatten, konnten wir sie auch nur undeutlich wahrnehmen. Was sich nicht ausdrücken läßt, das verschwindet auch wieder aus unserem Bewußtsein. Die Dogmen drücken unsere tiefsten Erfahrungen aus und geben uns so den Mut, das, was wir im Grunde unseres Herzens spüren, als echt anzunehmen und aus dieser Erfahrung heraus zu leben.

Die Dogmen deuten also unsere Erfahrung, sie deuten unser Leben von Gott her, von dem her, was Gott an uns getan hat durch Jesus Christus, und was er uns gesagt hat in den Schriften des Alten und Neuen Testaments. Die verschiedenen Glaubensinhalte entfalten die Umdeutung unseres Lebens, wie sie in Tod und Auferstehung Jesu am radikalsten geschehen ist. Allerdings zeigen die Glaubensinhalte, daß die Umdeutung des Glaubens nicht willkürlich geschehen kann, sondern sich auf ein geschichtliches Faktum und auf die Tat Gottes an Jesus von Nazareth bezieht. Wir deuten unser Leben in den Dogmen nicht um, damit wir leichter und gesünder leben können, sondern weil Gott an uns gehandelt hat, weil er uns durch seinen Sohn Jesus Christus erlöst hat. Aber auch hier würden uns die reinen historischen Fakten des Lebens Jesu nicht weiterhelfen. Aus den Fakten allein können wir nicht erkennen, daß wir durch Christus erlöst worden sind. Das kann uns nur der Glaube sagen, der diese Fakten auslegt und deutet, und der durch die Deutung der Fakten auch unser Leben umdeutet. Dieser Glaube hat sich in den Aposteln und Evangelisten immer mehr entfaltet und wurde von der Kirche in den Dogmen in eine feste Form gebracht. Die Dogmen betreffen nie nur die richtige Sicht auf Gott, sondern immer auch auf den Menschen. Sie schaffen einen Rahmen, in dem wir auf Gott und auf den Menschen schauen. Und sie geben uns eine gewisse Sicherheit, daß wir nicht mit einer verfälschenden Brille auf Gott und auf unser Leben blicken.

Die Kirche hat die Dogmen immer dann aufgestellt, wenn falsche Deutungen unserer Erlösung durch Christus vorgetragen wurden. Die Dogmen grenzen ab und schließen irrige Deutungen aus. Aber sie sind nie letzte Wahrheit. Sie legen nur die Richtung fest, in der wir suchen sollen. Das Geheimnis Gottes und das Geheimnis unserer Erlösung sind immer größer, als menschliche Worte es ausdrücken können. Die Dogmen sind Bilder unseres Heils. Über Gott und über das Geheimnis unserer Erlösung kann man nicht in wissenschaftlichen Begriffen sprechen, sondern nur in Bildern, die Raum lassen für das je größere Geheimnis Gottes, das sich dem Zugriff unserer Begriffe entzieht. So sind die Dogmen keine Sätze, die vom Himmel gefallen sind, und die wir einfach zu schlucken haben, sondern Pfähle, an denen wir uns vorantasten sollen, um das Geheimnis unserer Erlösung durch Jesus Christus immer mehr zu verstehen. Die Dogmen bleiben unsere Richtschnur, die wir nicht verlassen dürfen. Sie sind verpflichtend für unser Suchen. Sie schließen eine willkürliche Deutung des Glaubens aus, aber sie entheben uns nicht der Verpflichtung, immer weiter zu bedenken und zu erforschen, was sie eigentlich sagen wollen. Sie wollen uns »den unergründlichen Reichtum der Liebe Christi verkündigen und enthüllen, wie jenes Geheimnis Wirklichkeit geworden ist, das von Ewigkeit her in Gott, dem Schöpfer des Alls, verborgen war« (Epheser 3,8f).

Wenn wir die Dogmen so verstehen, dann bleiben sie keine dürren theoretischen Aussagen, sie lassen uns vielmehr einen Blick tun in das Geheimnis Gottes und in das Geheimnis des Menschen, der allein von Gott her richtig gesehen werden kann. Nehmen wir etwa das Dogma von der Dreifaltigkeit. Es sagt uns, daß der Geist, den wir in uns erfahren, nicht bloß Gabe Gottes, sondern Gott selbst ist, daß wir durch den Geist eingetaucht sind in Gott. Und Gott ist kein starres Sein, sondern in sich schon Bewegung, Gemeinschaft, Liebe. Das Dogma bringt also zum Ausdruck, was unser innerstes Wesen ist, daß Gott selbst in uns wohnt, daß Gott uns trägt als Vater, daß er in Jesus Christus unser Bruder geworden ist, der uns auf unserem Weg begleitet, und daß er uns seinen Geist gesandt hat, der uns durchdringt, mit göttlichem Leben erfüllt und uns mit dem Vater und dem Sohn eint.

Oder nehmen wir das Dogma von der Aufnahme Mariens in den Himmel. Viele haben damit ihre Schwierigkeiten. Sie meinen, die Kirche würde da etwas über Maria sagen, was sie gar nicht wissen könne, was zumindest aus der Bibel nicht nachgewiesen werden könne. Doch das Dogma entfaltet nur das Geheimnis unserer Erlösung, es denkt darüber nach, wie die Erlösung durch Jesus Christus sich an uns auswirkt. In den Dogmen über Maria ist immer auch das Schicksal des Menschen im Blick. Maria ist für die frühe Kirche der Typus des erlösten Menschen. Alle Aussagen über Maria sind daher Aussagen über den Menschen und über das Geheimnis unserer Erlösung. In dem Dogma sagen wir also von Maria, was für uns alle gilt, was Gott an uns allen getan hat und tun wird. Und da bekommen die Aussagen auf einmal eine ganz aktuelle Bedeutung. Wir Menschen werden mit Leib und Seele zu Gott kommen. Leib, das meint alle Erfahrungen und Erlebnisse, die wir hier auf Erden machen. Im Leib treten wir in Beziehung zueinander. Im Leib drücken wir unsere Liebe aus, unsere Zuneigung. Leib beinhaltet unsere Verwundbarkeit, unser Fühlenkönnen, unsere Lebendigkeit, aber auch unsere Einmaligkeit, unsere Individualität, unser Mannsein und unser Frausein.

Das Dogma von der Aufnahme Mariens in den Himmel sagt etwas über die Würde des Menschen aus. Wir werden mit unserem Leib, das heißt mit unserer Sexualität, mit unseren Wunden, mit unseren Sehnsüchten, mit unseren Erfahrungen und mit unserem Fühlen im Tod zu Gott kommen. Alles wird hineingerettet in Gott. Es ist ein Dogma der Hoffnung. Wenn wir es meditieren, dann können wir entdecken, daß auch unser Leib ein Organ der

Gottesbegegnung und Gotteserfahrung ist, und daß die Erlösung den ganzen Menschen mit Leib und Seele verwandelt. Letztlich ist das Dogma von der leiblichen Aufnahme Mariens eine Entfaltung des zentralen Glaubenssatzes, daß Christus von den Toten auferstanden ist. Schon die frühen Christen haben Sätze formuliert, die dann für alle verbindlich waren. Und sie haben diese Sätze mit großer Ehrfurcht weitergegeben. So zeigt es uns Paulus, wenn er an die Korinther schreibt:

»Vor allem habe ich euch überliefert, was auch ich empfangen habe: Christus ist für unsere Sünden gestorben, gemäß der Schrift, und ist begraben worden. Er ist am dritten Tag auferweckt worden, gemäß der Schrift, und erschien dem Kephas, dann den Zwölf.« (1 Korinther 15,3–5)

Alle Dogmen kreisen um diese zentralen Sätze und möchten sie für uns und unser Leben immer mehr entfalten.

Ein Dogma ist immer ein Glaubenssatz, von dem man leben kann. Das ist auch ein Kriterium für die Interpretation. Es widerspricht den Dogmen, wenn man sich ihretwegen die Köpfe einschlägt, wer nun recht habe, wer nun die Wahrheit auf seiner Seite habe. Es geht in der Auslegung der Dogmen darum, daß wir sie so erklären und verkünden, daß wir davon leben können, daß wir uns in den Dogmen als erlöste Menschen wiederfinden, daß wir in ihnen auf das wahre Geheimnis unserer erlösten Existenz stoßen. Das verlangt oft durchaus eine redliche Auseinandersetzung um das Wesen des Menschen, so wie es uns im Licht der Offenbarung der Bibel aufleuchtet. Die Dogmen der Kirche sind der Versuch, die Aussagen der Bibel im Dialog mit der griechischen Philosophie so zu formulieren, daß philosophisch gebildete Menschen sie verstehen und als befreiende und heilende Worte der Offenbarung annehmen können.

Die Wahrheit der Dogmen besteht darin, daß sie uns frei macht, weil sie uns unser wahres Wesen erschließt und uns danach leben läßt. Und so gilt als Kriterium ihrer Deutung, welche Frucht sie hervorbringt. Wenn die Dogmenauslegung eng und ängstlich macht, spiegelt sie nicht den Geist Jesu wider. Die Früchte des Geistes, die Paulus im Galaterbrief beschreibt, müßten auch die Früchte einer authentischen Dogmenauslegung sein: »Die Frucht des Geistes aber ist Liebe, Freude, Friede, Langmut, Freundlichkeit, Güte, Treue, Sanftmut und Selbstbeherrschung.« (Galater 5,22f)

II. Glauben als Vertrauen

Für den Reformator Martin Luther war Glauben
vor allem Vertrauen in Gottes Güte und Barm-
herzigkeit. Ihm ging es nicht um den Glauben an
kirchliche Dogmen, sondern um das Vertrauen,
das der Mensch in Gott setzen kann. Für ihn ist an
Jesus vor allem dies eine wichtig, daß er uns immer
wieder zum kindlichen Vertrauen in den barmher-
zigen Vater ermutigt hat. Jesus ist für Luther der
Grund, daß wir unser Vertrauen auf Gott setzen
dürfen, auch wenn wir zu uns und zu unserem
Tun kein Vertrauen haben, auch wenn wir uns in
unserer Schuld als unannehmbar erleben.

Wenn Jesus vom Glauben spricht, dann meint
er damit ein grundloses Vertrauen auf Gott. »Dein
Glaube hat dir geholfen.« Mit diesem Wort antwortet Jesus oft auf das Wunder der Heilung,
das in der Begegnung mit ihm geschehen ist. Er
verweist den Geheilten auf den Glauben als den
eigentlichen Grund seiner Heilung: Weil du dich
in deiner Not an mich gewandt hast, weil du Vertrauen zu mir gefaßt hast, darum bist du gesund
geworden, darum konnte ich dich heilen. In den
Heilungsgeschichten berichtet uns die Bibel von
Menschen, die in der Begegnung mit Jesus Heilung
erfahren haben. Jesus hat offensichtlich Vertrauen

... Zuversicht des, das man hofft
nicht zweifeln an dem das man
nicht sieht   Hebr. 4,1

ausgestrahlt, so daß die Menschen den Mut fanden, sich mit ihren Krankheiten an ihn zu wenden. Wenn wir die Heilungsgeschichten heute lesen, dann nicht, um interessante Einzelheiten aus dem Leben Jesu zu erfahren, sondern um selbst in der Begegnung mit Jesus heil zu werden. Alle Krankheiten, die Jesus geheilt hat, sind psychosomatischer Natur. Sie verdeutlichen, was auch in uns versteckt vorhanden ist. Wir sind blind und verschließen die Augen vor unangenehmen Dingen. Wir sind gelähmt, wir trauen uns nicht, aus uns herauszugehen, auf andere zuzugehen. Wir sind taub, wir wollen nicht hören, was uns nicht paßt. Wir haben kein Gespür für die Untertöne und Zwischentöne, für das, was der andere uns eigentlich sagen möchte. Wir sind stumm, unfähig zu echter Kommunikation. Wir finden keine Worte, die verbinden und Leben spenden. Wir sind aussätzig. Wir können uns selbst nicht annehmen, wir fühlen uns ausgestoßen, isoliert und trauen uns nicht, uns den anderen zuzumuten. Wir sind besessen von fixen Ideen, beherrscht von wirren Gedanken, die uns da treiben, uns selbst zu schaden. Wir sind tot, als Lebende starr geworden, kalt, ohne inneren Antrieb, hoffnungslos. Wenn wir die psychologische Bedeutung der verschiedenen Krankheiten verstehen, können wir uns mit unseren Wunden und Gefährdungen, mit unseren Ängsten und Komplexen in den Heilungsgeschichten wiederfinden und in der Begegnung mit Jesus Heilung erfahren.

Wir können die Heilungsgeschichten der Bibel für uns meditieren und uns vorstellen, wie wir mit unseren Wunden zu Jesus kommen und ihn darum bitten, daß er uns aufrichtet und heilt. Und wir dürfen vertrauen, daß Jesus bei uns ist, wenn wir diese Erzählungen lesen und uns in sie hineinversenken. Die biblischen Geschichten wollen uns dazu ermutigen, unsere Verletzungen und unsere Krankheiten anzuschauen und sie Jesus hinzuhalten, damit er uns heute genauso berührt wie die Menschen damals und zu uns die heilenden und ermutigenden Worte spricht.

Die Heilungsgeschichten wurden und werden auch in der Eucharistiefeier als Evangelium verkündet. Sie deuten jeweils neu, was wir in der Eucharistie als Ritus begehen. In der Eucharistie feiern wir zwar immer Tod und Auferstehung Jesu. Aber dieses zentrale Geheimnis faßt das ganze Leben Jesu wie in einem Brennpunkt zusammen. Die Evangelien entfalten diese Zusammenfassung und führen uns jeweils einen neuen Aspekt im Leben Jesu vor Augen. Die Eucharistie ist ein Ritus, in dem wir das, was das Evangelium uns verkündet, mit Leib und Seele vollziehen. Wir hören nicht nur von der Begegnung der Kranken mit Jesus, sondern wir spielen diese Begegnung im Ritus nach. Da geschieht an uns leibhaft, was damals geschehen ist. Wenn wir Wandlung und Kommunion unter dem Bild des jeweiligen Evangeliums sehen, dann wird die Eucharistie nie eintönig und langweilig, dann führt sie uns immer wieder neu in die Begegnung mit Jesus, in eine Begegnung, in die wir jeweils mit anderen Voraussetzungen kommen. Die Heilungsgeschichten decken uns nacheinander unsere Nöte und Krankheiten auf. Und mit der im Tagesevangelium genannten Krankheit, die einen Aspekt unserer seelischen Verfassung widerspiegelt, gehen wir dann auf Jesus zu. Wir vertrauen darauf, daß Jesus uns genauso zu heilen vermag wie die Menschen damals, daß er uns annimmt mit unseren Krankheiten und Schwächen, daß wir in der Begegnung mit ihm den Mut finden, ja zu sagen zu uns selbst, daß er uns die Angst nimmt und uns mit neuer Zuversicht und Hoffnung wieder in den Alltag entläßt.

Ein paar Beispiele mögen dies verdeutlichen. Markus 2,1–12 berichtet von der Heilung des Gelähmten. Vier Männer tragen den Kranken vor Jesus, der ihm seine Sünden vergibt und ihn aufstehen heißt. Diese Szene spielen wir im Ritus der Kommunion nach. Wenn wir da vor Jesus treten, so verdanken wir das dem Glauben anderer, die uns hierher getragen haben. Und wenn wir unsere Hand ausstrecken, um den Leib Christi zu empfangen, sagt uns Jesus: »Deine Sünden sind dir vergeben.« Und: »Steh auf, nimm dein Bett und geh nach Hause!« (Markus 2,11) Jetzt geschieht die Heilung. Jetzt spricht mir Christus mit seinem eigenen Leib den Mut zu, mich anzunehmen mit meiner Schuld, nicht an mir und meiner Schuld festzuhalten, sondern aus mir herauszugehen, nicht auf meine Ängste und Unsicherheiten zu schauen, sondern mein Bett unter den Arm zu nehmen, also meine Ängste mitzunehmen, sie spazierenzutragen und mit meiner Unsicherheit auf andere zuzugehen, Aufgaben anzupacken, die inneren Lähmungen abzulegen. Glauben heißt, dieser Geschichte trauen, diesem Jesus zutrauen, daß er mich in diesem Augenblick genauso heilt wie den Kranken damals. Glauben heißt aber nicht warten, bis die Lähmung von alleine abfällt, sondern einfach aufstehen und gehen, im Vertrauen, daß das Wort Jesu stimmt.

Im fünften Kapitel erzählt uns Markus von dem Besessenen, der in Grabhöhlen haust, der sich selbst vom Leben ausgeschlossen hat, der sich zurückgezogen hat in die Isolation.[2] Aber er schreit doch, er möchte Zuwendung. Er setzt sich von den Menschen ab und möchte doch, daß sie ihn beachten. Doch die Hirten wollen nur ihre Ruhe haben. Sie binden ihn mit Fesseln. Aber es ist so viel Kraft in ihm, daß er sie zerreißt. Er weiß nicht, wohin mit seinen Kräften. Er schlägt sich selbst, er richtet seine Aggressionen gegen sich. Da sieht er Jesus, läuft auf ihn zu. Jesus fragt ihn: »Wie heißt du?« Jesus läßt sich nicht von dem chaotischen Verhalten beeindrucken. Er glaubt an den Menschen hinter der kaputten Fassade. Zunächst versteckt sich der Besessene hinter den anderen, die ihn so gemacht haben, hinter den Eltern, hinter der Gesellschaft. Wir sind Legion, wir sind unzählbar viele, sagt er. Aber Jesus hält an seinem Glauben an den guten Kern in diesem Menschen fest. Und da fahren die bösen Geister aus ihm aus.

In der Eucharistie spielen wir diese Begegnung nach. Ich bin der Besessene, innerlich zerrissen, voll von Aggressionen und giftigen Gefühlen. Ich erfahre mich als unannehmbar, chaotisch, beherrscht von tausend wirren Gedanken. Aber ich laufe in der Kommunion trotzdem auf Jesus zu, strecke die Hand aus. Und er fragt nach mir, nach meinem Namen, nach meinem Wesen. Und er gibt mir selbst die Antwort: »Mein Leib für dich. Es ist gut, daß es dich gibt. Ich freue mich über dich, du darfst leben. Ich gebe mich dir, ich nehme dich an. Ich werde eins mit dir.« Und ich antworte: »Amen, ja so ist es. Das bin ich wirklich, ein Mensch eins mit Gott.« Die Kommunion gibt mir die Möglichkeit, mich anzunehmen, obwohl ich mich als so unannehmbar erfahre. Ich kann mir zwar auch von der Psychologie her immer wieder vorsagen, daß ich mich annehmen sollte. Aber es gelingt mir kaum. Nur wenn ich in der Begegnung mit Jesus erfahren darf, daß er mich vorbehaltlos annimmt, leibhaft, mit allen Sinnen, dann fahren die wirren Geister, mit denen ich mich selbst zerstöre, aus mir aus, und ich darf neu aufleben. Jetzt kann ich mich annehmen, weil ich das Vertrauen Jesu in mich erfahren habe.

Wir verschließen oft die Augen vor der Wirklichkeit. Wir laufen entweder mit Scheuklappen umher, um nur das zu sehen, was in unseren Horizont paßt. Oder wir ziehen eine schwarze Brille an, mit der wir alles in Pessimismus tauchen, oder aber eine rosarote Brille, mit der wir alle Probleme verharmlosen, um uns ihnen nicht stellen zu müssen, mit der wir bloßen Zweckoptimismus verbreiten, weil es zu unbequem wäre, der Wirklichkeit ins Auge zu sehen. Jesus heilt den Blinden. Aber zuvor fragt er ihn, was er im Innersten seines Herzens denn wolle. (Vgl. Markus 10,46–52) Auch diese Begegnung des Blinden mit Jesus erleben wir in der Kommunion an uns. Wir treten auf Jesus zu, werfen unseren Mantel ab, unsere Rolle, alles, was uns einhüllt und verhüllt. Wir treten ungeschützt, verwundbar auf ihn zu. Und er fragt uns, was wir eigentlich wollen. Und dann legt er sich selbst uns in die Hände. Die Bedingung ist, daß wir die Augen öffnen und der Wirklichkeit ungeschminkt gegenübertreten können. Er zeigt uns, überall, wohin wir sehen, stoßen wir auf Gott. Wir können nur deshalb der Wirklichkeit standhalten, weil Jesus uns an der Hand nimmt und uns zeigt: so ist die Wirklichkeit, oft genug deprimierend und grausam, aber überall dort ist auch Gott. Nur mit Jesus an der Hand können wir es wagen, unserem Leben und der Realität um uns herum ins Auge zu schauen, ohne überfordert zu sein. Wenn das Evangelium von der Blindenheilung uns das Bild liefert, unter dem wir die Kommunion empfangen, dann üben wir uns in der Eucharistie ein, den Alltag mit offenen Augen anzugehen, ohne Angst, daß uns irgend etwas überfordern könnte, weil wir wissen, überall werden wir auch auf Gott stoßen.

Die drei Beispiele möchten nur zeigen, wie wir das Vertrauen auf Jesus in der Eucharistie konkret einüben können, wie wir in der Eucharistie mit unseren Nöten und Sorgen Jesus begegnen und im Glauben durch ihn heil werden können. Der Glaube als Vertrauen gibt uns die Gewißheit, daß wir mit allen Problemen zu Jesus kommen können. Und in der Begegnung mit Jesus erfahren wir, daß es keine Situation gibt, in der wir nicht von Gott getragen werden. Das Vertrauen auf Gott garantiert uns nicht, daß wir nicht krank werden, daß wir nicht in tiefe Depressionen fallen, daß wir keinen Unfall haben, daß wir nicht einmal scheitern können. Aber es gibt uns die Gewißheit, daß uns im Grunde nichts schaden kann, daß unserem Kern nichts zustoßen wird, weil wir in allen Gefahren, in aller Krankheit und in jedem Scheitern von Gottes liebenden Händen gehalten werden, und weil Gott alles für uns zum Besten lenken wird. Dieses Vertrauen nimmt uns die Angst vor der Zukunft. Es schenkt uns Gelassenheit und innere Zuversicht.

Der Glaube als Vertrauen entlastet uns auch in unserer Arbeit und in der Verantwortung, in der wir stehen. Ich übergebe Gott meine Arbeit und vertraue darauf, daß er sie benutzt, um Gutes zu schaffen. Ich allein kann nicht bewirken, daß meine Arbeit Erfolg hat, daß die Entscheidungen alle richtig sind. Wenn ich mir über alle Folgen meiner Arbeit den Kopf zerbrechen würde, könnte ich nie zur Ruhe kommen. Der Glaube nimmt uns die Last, die uns die Verantwortung für andere aufbürdet. Wenn wir etwa meinen, wir seien ganz allein für die richtige Entwicklung unserer Kinder verantwortlich, so leben wir immer in der Angst, daß die Kinder sich doch anders entwickeln, daß sie unsere Fehler mitbekommen und davon negativ beeinflußt werden. Wir haben keine Garantie, trotz aller religiösen Erziehung, daß die Kinder in die Kirche gehen und dem Glauben treu bleiben werden. Aber wir dürfen darauf vertrauen, daß sie nie aus der liebenden Hand Gottes fallen, und daß Gott sie auch über Umwege auf die richtige Bahn führen wird.

Eine Grunderfahrung des Menschen ist heute Angst. Es sind viele Ängste, die uns bedrängen: Angst vor der Zukunft, Angst vor Terror und Krieg, Angst vor Arbeitslosigkeit, Angst vor Versagen, Angst vor Krankheit und Tod, Angst vor der Sinnlosigkeit des Daseins. In therapeutischen Gesprächen versuchen viele Psychologen, Menschen von ihren Ängsten zu befreien oder ihnen zu helfen, daß sie mit ihren Ängsten leben können. Doch ihr Bemühen stößt oft an Grenzen. Mit der Existenz des Menschen ist eine Grundangst verbunden, die auch von der Psychologie nicht aufgelöst werden kann. Es ist die Angst, die durch seine Endlichkeit gegeben ist, die Angst, kein Recht für sein Dasein zu haben, nicht in sich zu ruhen, sondern angewiesen zu sein auf einen anderen. Diese Grundangst des Menschen kann keine Psychologie aufheben, sie kann nur in einem abgrundtiefen Vertrauen auf Gott überwunden werden, der uns den Grund unseres Daseins schenkt, der uns aus Liebe geschaffen hat und uns aus Gnade leben läßt.

Der Münchner Psychiater Fritz Riemann hat vier Grundformen menschlicher Angst beschrieben. Sein Werk über die Grundformen menschlicher Angst ist auch heute noch unübertroffen.

Eugen Drewermann, der psychologische Einsichten für seine Theologie der Angst und des Vertrauens nutzbar gemacht hat, zeigt auf, daß diese Grundängste letztlich nur im Glauben überwunden werden können.[3] Die vier Ängste kommen normalerweise nie isoliert in einem Menschen vor. Dennoch ist es legitim, diese vier Grundformen einzeln zu beschreiben und sie bestimmten Typen von Menschen zuzuordnen.

Die erste Angst ist die Angst des *hysterischen* Menschen. Es ist die Angst vor der Haltlosigkeit des Daseins. Und diese Angst versucht der Mensch zu überwinden, indem er sich an vielem festhält: am Besitz, am Erfolg, vor allem aber an Menschen. Er klammert sich an einen geliebten Menschen und erwartet von ihm absolute Geborgenheit, absoluten Halt. Aber dadurch gerät er nur noch mehr in Angst, weil er spürt, daß kein Mensch ihm absoluten Halt geben kann. Jeder ist sterblich, jeder hat seine Schwächen. Absolute Geborgenheit kann uns nur Gott schenken. Er trägt uns und hält uns. Aus seinen schützenden und liebenden Armen werden wir niemals fallen. Gott erfüllt uns unsere Sehnsucht nach absolutem Halt. Ein Mensch kann uns Zeichen sein für diese absolute Geborgenheit. Und nur wenn wir ihn als Zeichen und Mittler für Gottes unendliche Liebe sehen, können wir uns über die Geborgenheit, die er uns schenkt, freuen und sie ohne Angst genießen.

Die zweite Angst ist die Angst des *zwanghaften* Menschen. Es ist die Angst vor der Wertlosigkeit des Daseins. Und diese Angst versucht man zu überwinden, indem man sich seinen Wert selbst beweisen will, durch viel Arbeit, durch immer höhere Leistung, aber auch durch peinlich genaue Erfüllung aller religiösen Pflichten. Man will sich selbst und den anderen, ja auch Gott seinen Wert beweisen. Man will so auf sich aufmerksam machen, daß einen keiner mehr übersehen kann. Man will Gott gegenüber so gewissenhaft seine Pflicht tun, daß ihm gar nichts anderes übrigbleibt, als einen zu belohnen. Doch auch mit dem größten Ehrgeiz können wir die Angst vor unserer Wertlosigkeit nicht überwinden. Im Gegenteil, wir spüren, daß uns unsere Leistung den anderen nicht näher bringt. Und wir merken, daß wir den Anspruch, immer perfekt und immer besser als die anderen sein zu müssen, nie erfüllen können. So treiben wir uns zu Höchstleistungen an und setzen uns dauernd unter Druck. Wir verspannen und verkrampfen uns. Die Angst vor der eigenen Wertlosigkeit können wir nur durch den Glauben überwinden. Im Glauben erfahren wir, daß wir vor Gott wertvoll sind, ohne schon etwas geleistet zu haben, wertvoll einfach durch unser Sein, so wertvoll, daß Christus für uns gestorben ist, daß Gott sich um uns kümmert, ja daß er sogar Wohnung in uns nimmt.

Die dritte Angst ist die Angst des *depressiven* Menschen. Es ist die Angst vor der Schuldhaftigkeit des Daseins. Man hat das Gefühl, allein durch sein Dasein schon Schuld auf sich geladen zu haben. Und man entschuldigt sich dann ständig, daß man überhaupt am Leben ist, daß man den anderen die Zeit stiehlt, den Raum zum Leben, die Luft zum Atmen wegnimmt. Oder man versucht, diese Angst durch Übernützlichkeit zu ersticken. Aber auch das gelingt nicht. Man verausgabt sich, und irgendwann kann man nicht mehr und spürt, daß man das ganze Leben versäumt hat. Um die Schuld für sein Dasein abzutragen, hat man am Leben vorbeigelebt. Und so steht man völlig leer und ausgepumpt da. Auch diese Angst kann uns nur der Glaube nehmen, der Glaube, daß wir aus Gnade leben, daß wir leben, weil Gott uns gewollt hat und uns aus Liebe, aus seinem Wohlgefallen heraus geschaffen hat. Wir glauben, daß Gott uns liebt, daß er Zeit für uns hat, daß er froh ist über unser Dasein. Diese Erfahrung des Glaubens befreit uns von aller Angst und vor den unnützen Schuldgefühlen, mit denen wir uns oft genug zerfleischen. Wenn in mir manchmal solche lähmenden Schuldgefühle auftauchen, dann hilft mir der Satz aus dem 1. Johannesbrief: »Wenn das Herz uns auch verurteilt – Gott ist größer als unser Herz, und er weiß alles.« (1 Johannes 3,20)

Die letzte Angst ist die des *schizoiden* Menschen, der Angst hat vor tausend Dingen, die ihn bedrohen. Er hat Angst vor dem dunklen Keller, Platzangst, Angst vor vergifteter Nahrung, Angst vor Einbrechern, Angst vor einem Unfall. Ein Stück weit sind diese Ängste normal. Aber viele steigern sich in solche Ängste hinein. Der Glaube befreit uns auch von dieser Angst. Er zeigt uns, daß uns im Grunde nichts passieren kann. Der Glaube zeigt uns, daß wir den Tod, der hinter all diesen

Bedrohungen letztlich steckt, schon überwunden haben, daß wir schon jenseits der Schwelle leben. Weil wir durch die Taufe schon teil haben am ewigen Leben, kann uns auch der Tod nicht mehr von Gott trennen. Er kann uns nur noch tiefer in ihn hineintauchen. Weil wir schon in Gott wohnen, kann uns niemand mehr unser Haus zerstören.

Die Frage ist, wie wir einen solchen Glauben, ein solches Vertrauen gewinnen können. Kann man sich das einfach vornehmen? Sicher nicht. Das Vertrauen kann jedoch wachsen, wenn wir uns bewußt immer wieder in die Begegnung mit Jesus hineinmeditieren. Man kann sich den Glauben nicht einreden. Aber wir alle haben eine Ahnung in uns, daß solch ein Glaube befreien könnte. Die Meditation der biblischen Heilungsgeschichten läßt in uns diesen Glauben wachsen. Wir müssen uns nur mit den Kranken identifizieren und uns immer wieder sagen: das bin ich, und dieser Jesus ist heute lebendig, er begegnet mir in der Eucharistie leibhaftig. Er schaut mich an, er traut mir etwas zu. Ich lasse ihn an mir handeln, ich lasse mich auf die Begegnung mit ihm ein. Ich lasse zu, daß er mich annimmt, daß er mich berührt und seine Kraft und seine Lebendigkeit in mich einströmen läßt.

III. *Glauben als Umdeuten*

Für mich ist Glaube eine ganz bestimmte Weise, mein Leben zu sehen und zu verstehen. Wenn mir jemand sagt, er könne nicht glauben, der Glaube wäre weit weg, der würde ihm nichts sagen, dann versuche ich nicht, ihm die Wahrheiten des Glaubens zu vermitteln und zu erklären. Ich frage ihn vielmehr: Wie siehst du dein Leben? Wie siehst du die Welt? Und dann weise ich ihn darauf hin, daß er eine ganz bestimmte Deutung seines Lebens und der Welt im ganzen habe. Die Frage ist, woher er das Recht zu dieser Deutung nimmt. Er spricht ja nicht einfach von der Wirklichkeit, sondern von seiner Deutung der Realität. Ob wir wollen oder nicht, immer deuten wir, was wir erleben. Der Glaube ist für mich eine ganz bestimmte Weise, die Welt und alles, was ich in der Welt erlebe, zu deuten. Im Anschluß an ein Buch des österreichischen Psychologen Paul Watzlawick nenne ich den Glauben ein Umdeuten der Wirklichkeit. Das ist für manche ein provozierender Begriff von Glaube. Aber ich möchte bewußt provozieren. Denn auf diese Weise wird sowohl der, der den Glauben ablehnt, als auch der Glaubende herausgefordert, sich über seine Deutung der Welt und über seinen Glauben Gedanken zu machen.

Das Modell »Glauben als Umdeuten« möchte ich hier nicht weiter entfalten. Ich möchte nur auf einige Einwände eingehen, die dieser Ansatz hervorgerufen hat. Bei manchen erweckt das Wort Umdeuten den Eindruck, daß ich die Wirklichkeit verfälsche und eben beliebig umdeute, damit ich besser damit zurechtkomme. Doch das ist nicht gemeint. Wenn ich willkürlich umdeute, dann kann das auf Dauer meinen Verstand nicht befriedigen. Ich muß das Umdeuten vor meinem Verstand rechtfertigen können. Es muß der Wahrheit entsprechen, sonst würde ich es als billigen Trick durchschauen. Und was ich als psychologischen Trick durchschaut habe, wirkt nicht mehr. Auf Dauer wirkt nur, was wirklich ist, was der Wirklichkeit entspricht. Ich kann zwar sagen, daß es mir seelisch gut geht, wenn ich mein Leben vom Glauben her deute. Aber zugleich weiß ich, daß der Glaube nur wirkt, wenn das, woran ich glaube, auch wirklich existiert. Im Glauben übersteige ich also schon die psychologische Ebene und beziehe mich auf den wirklichen Gott. Das ist natürlich noch kein Gottesbeweis. Er liegt höchstens in der Richtung des Gottesbeweises bei Anselm von Canterbury, der davon ausgeht, daß wir die Vorstellung von einem höchsten Gut haben.[4] Da aber ein höchstes Gut, das existiert, ein nur gedachtes höchstes Gut übertrifft, übersteigen wir in unserer Vorstellung schon die Ebene des Denkens und beziehen uns auf den tatsächlich existierenden Gott. Dieser Gottesbeweis – man nennt ihn den ontologischen, weil er allein vom Begriff des

Seins ausgeht – hat seit Anselm viele Menschen fasziniert. Aber er hat auch heftigen Widerspruch ausgelöst. Man könne von der Ebene des Denkens nicht auf die des Seins schließen.

Ich möchte die Gedanken Anselms auf der psychologischen Ebene aufgreifen. Psychologisch können wir feststellen, daß uns der Glaube gesund macht. Aber da wir zugleich unseren Verstand beim Glauben nicht ausschalten, würde ein Glaube, der von unserem Verstand als psychologischer Trick entlarvt würde, uns nicht weiterhelfen. Nur wenn wir fest davon überzeugt sind, daß dem Glauben eine Wirklichkeit entspricht, kann der Glaube positiv in uns wirken. Im Begriff des Glaubens ist also schon die Ebene des bloßen Denkens und Sicheinbildens überschritten und die Ebene des existierenden Gottes berührt. Allerdings ist das kein zwingender Beweis, sondern es setzt die Grundentscheidung voraus, daß wir unserem Erkenntnisvermögen trauen und nicht als Blinde herumtappen in einer hoffnungslos absurden Welt.

Das Wort Umdeuten bezieht sich auf die Tatsache, daß wir ja unbewußt immer schon deuten, daß wir bei der Deutung unseres Lebens von Deutungen ausgehen, die wir unbewußt von unserer Umgebung übernehmen. Gegenüber dieser oft unreflektierten Deutung deutet uns der Glaube unser Leben um. Er läßt es uns so deuten, wie Gott unser Leben sieht. Und diese Deutung entspricht der Wirklichkeit mehr als unsere gewohnten Deutungen. Wir entnehmen die Deutung des Glaubens der

Heiligen Schrift. Aber wir beziehen die Worte der Schrift bewußt auf unser Leben und fragen uns: wenn das stimmt, was sagt das über mein Leben, wie muß ich mich dann sehen und fühlen? Wenn das Wort aus Psalm 23 stimmt – »Der Herr ist mein Hirt, nichts wird mir fehlen« –, was bedeutet das dann für meine Erfahrung von Einsamkeit und Enttäuschung? Wie deutet dieser Satz den Tod eines Menschen, der mir sehr wichtig war? Wie sehe ich dann meinen Mangel an Anerkennung und Zuwendung? Das Modell des Glaubens als Umdeuten bezieht die Worte der Schrift auf meine konkrete Lebenssituation und läßt mich dann in einer neuen, der Erlösung durch Christus entsprechenden Weise mit den Erfahrungen meines Lebens umgehen.

Ein anderer Einwand meint, das Umdeuten führe dazu, alles einfach hinzunehmen und nicht nach wirklichen Lösungen Ausschau zu halten. Man müsse alles fromm umdeuten, um damit fertig zu werden. Damit lasse ich aber die Zustände, wie sie sind. Doch für mich ist das Umdeuten etwas Aktives. Ich muß nicht sofort umdeuten, sondern mich zuerst fragen, ob ich etwas ändern kann oder will. Die Alternative lautet für mich: ändern oder umdeuten, aber nichts dazwischen, kein wehleidiges Jammern, daß man da nichts machen könne, daß halt alles so schwer sei. Die Alternative »ändern oder umdeuten« zwingt mich gerade zu einer aktiven Reaktion. Ich muß mich entscheiden, was ich will, wie ich auf die Herausforderungen des Lebens, auf die Herausforderungen durch Mitmenschen und durch Situationen bei der Arbeit reagiere. Zunächst frage ich mich: Kann ich die Situation oder den Mitmenschen ändern, und will ich es? Wenn ich es nicht kann oder nicht will, dann deute ich um, dann versuche ich, das Beste daraus zu machen, es so zu sehen, daß ich besser damit zurechtkomme. Ich reagiere also aktiv auf die Herausforderung und verbiete mir das passive Lamentieren, das unfruchtbare Selbstmitleid. Denn das ist keine wirkliche Lösung, sondern nur Energieverschwendung. Ich bin nicht einfach ein Spielball des Lebens. Es liegt an mir, was ich daraus mache. Ich kann die Voraussetzungen ändern, oder ich kann sie umdeuten. In beiden Fällen gebe ich der äußeren Situation keine Macht über mich, ich lasse mich nicht durch sie beherrschen, sondern ich reagiere aktiv darauf. Ich nehme die Situation nicht einfach als Faktum hin, das mich bestimmt und beherrscht, sondern als Herausforderung, auf die ich mit Phantasie und in Freiheit eingehe. Ein paar Beispiele mögen dies verdeutlichen:

Ein Kaplan erzählt mir, daß er in sich häufig negative Gedanken feststellt. Wenn er morgens in seinen Terminkalender blickt und entdeckt, daß er am Nachmittag einen Besuch bei einer Familie eingetragen hat, dann tauchen Gedanken auf wie: »Ach, schon wieder, das paßt mir jetzt gar nicht. Ich habe doch soviel zu tun. Hätte ich doch nicht zugesagt.« Und dann geht er mit solchen Gefühlen trotzdem zur Familie. Der Besuch wird anstrengend. Er denkt mitten im Gespräch daran, daß es doch eigentlich Zeitverschwendung sei. Er sollte viel lieber die Predigt vorbereiten. Wenn ich mir dieses unfruchtbare Selbstmitleid verbiete und mir sage: entweder ändern oder umdeuten, aber nichts dazwischen, dann wäre die beste Lösung: absagen. Ich habe so viel zu tun, daß ich den Besuch einfach absage. Dann fühle ich mich befreit. Aber da kommen dann eben oft Schuldgefühle: »Ich kann nicht absagen. Dann ist die Familie beleidigt, was denken denn die anderen über mich! Ich erscheine als unzuverlässig. Ich verliere Freunde.« Und häufig fühlt man sich in einer Zwickmühle und geht dann eben doch hin, aber eher getrieben als aus freiem Entschluß. Man hat dann das Gefühl, vor lauter Sachzwängen könne man nicht mehr tun, was eigentlich gut wäre, man werde ganz von außen bestimmt. Doch das stimmt eben nicht. Ich habe die Freiheit, zu entscheiden. Ich kann ja absagen. Und wenn ich es nicht will, weil es dafür auch Gründe gibt, dann muß ich eben umdeuten. Umdeuten ist keine Lösung aus Resignation, sondern aus freier Entscheidung. Ich entscheide mich zum Besuch und entscheide mich, ihn positiv zu sehen, das Beste daraus zu machen. Ich kann mir zum Beispiel vorsagen: »Ich habe zwar viel zu tun. Aber ich gehe jetzt trotzdem hin. Das sind nette Leute. Mit denen kann ich mich gut unterhalten. Ich gönne es mir, mir Zeit für sie zu nehmen. Vielleicht gibt es einen guten Kaffee. Das wird mir auch guttun. Und am Abend kann ich dann immer noch arbeiten.« Wenn ich mit so einer Einstellung gehe, wird der Besuch nicht anstrengend werden, im Gegenteil, ich kann mich dabei erholen. Und bin dann noch fähig zu der Arbeit, die mich erwartet. Ich bin dann ganz da, ganz offen für die Menschen dort. Ich kann neue Erfahrungen machen, es kann Begegnung stattfinden, die mich beschenkt und bereichert. Und ich werde mit neuer Kraft und neuer Hoffnung von der Familie fortgehen.

Natürlich muß das Umdeuten redlich sein. Ich muß es vor meinem Verstand und vor meinen Gefühlen verantworten können. Ich kann mir nicht Beliebiges einreden. Es geht nicht darum, nur an die Macht der positiven Gedanken zu glauben und mir einzureden: es geht mir von Tag zu Tag besser, obwohl es mir gar nicht gut geht. Das Umdeuten des Lebens nimmt die Realität an, wie sie ist. Aber im Glauben übersteige ich die Ebene der Probleme und sehe die Probleme von einer anderen Warte aus. Diese Warte ist nicht beliebig, sondern es ist die Sicht des Glaubens, des Wortes Gottes, das mir meine Welt in ein neues Licht taucht. Wenn ich mich zum Beispiel maßlos über einen Menschen ärgere, dann kann ich mir nicht vorsagen: »Ich ärgere mich nicht. Es macht mir gar nichts aus, was er sagt.« Da würde ich mir künstlich etwas einreden. Umdeuten könnte so aussehen: »Ich ärgere mich zwar, aber warum nehme ich ihn eigentlich so wichtig? Warum beziehe ich alles, was er sagt, auf mich? Das ist doch sein Problem. Ich kann ihn nicht ändern, aber ich brauche ja nicht zu reagieren. Ich lebe mein Leben. Ich bin nicht verantwortlich für sein komisches Verhalten.«

Oder ich kann mir sagen: »Ein anderer hat nur soviel Macht über mich, wie ich ihm gebe. Wenn ich mich über einen Menschen ständig ärgere, wenn ich mich ständig provozieren lasse, dann gebe ich ihm zuviel Macht über mich. Ich erweise ihm mehr Ehre, als ihm gebührt. So wichtig ist der andere gar nicht.« Das sind rein menschliche Umdeutungen, die ich vor mir und meinem Verstand verantworten kann. Ich kann die Situation auch im Glauben umdeuten. Dann frage ich mich, was Gott mir durch den anderen sagen will, auf welche eigenen Fehler er mich stoßen will, wohin mich Gott durch den anderen führen will. Oder ich kann für ihn beten. Das ist auch eine Umdeutung der Situation. Im Beten reagiere ich aktiv. Ich frage mich, worunter der andere leidet, wo er unzufrieden ist mit sich selbst. Und ich bete für ihn, daß Gott ihm inneren Frieden schenkt. Wenn ich für den anderen bete, dann hat der andere keine Macht über mich. Ich reagiere aktiv auf ihn. Ich traue ihm etwas zu. Ich traue Gott etwas zu mit diesem Menschen.

Auch in der Beziehung zu schwierigen Mitmenschen gilt die Alternative »ändern oder umdeuten«. Wenn ich mich ständig über einen Menschen ärgere, dann würde ändern heißen: ich gehe zu ihm, sage ihm, was mich stört. Oder ich treffe mit ihm eine Regelung, die für beide tragbar ist. Ein Jugendlicher erzählte mir von seinem Freund, der während eines Ferienlagers täglich zehn Minuten zu spät zum Auto kam. Die ganze Woche über ärgerte er sich maßlos über den Freund. Doch das war Energieverschwendung. Ändern heißt, einfach pünktlich abfahren. Wir haben den Zeitpunkt ausgemacht. Dann fahre ich einfach ab, ohne Groll, sondern weil wir uns darauf geeinigt haben. Das hilft mehr, als sich jeden Tag neu zu ärgern. Umdeuten würde heißen: »Es ist ja nicht so schlimm, ob er jetzt zehn Minuten eher oder später kommt. So kann ich noch Zeitung lesen oder Radio hören oder aber beten und meditieren. Die zehn Minuten sind für mich geschenkte Zeit.« Dann ärgere ich mich nicht mehr über das Zuspätkommen. Ich muß mich nur entscheiden, was ich tun will, ändern oder umdeuten. Wenn der Ärger durch Umdeuten nicht weggeht, dann ist das immer ein Zeichen, daß ich etwas ändern muß.

Ein Bekannter hat über seinem Büro den Satz stehen: change it or love it. Das ist die gleiche Alternative wie ändern oder umdeuten (lieben, es anders sehen). Diese Alternative ist für mich mehr als der Satz: was ich nicht ändern kann, muß ich annehmen. Das klingt zu passiv. Weil ich nicht ändern kann, bleibt mir nichts anderes übrig als anzunehmen. Das hat einen resignierenden Beigeschmack. Umdeuten ist etwas Aktives. Ich entscheide mich, es anders zu sehen, es so zu sehen, daß ich mit gutem Gewissen, mit dem Gefühl innerer Freiheit, mit Wohlwollen und Freude mit der umgedeuteten Situation umgehen kann.

Ändern oder umdeuten ist für mich eine gute Hilfe, mit den Problemen meines Alltags zurechtzukommen. Die Alternative gilt jedoch auch unabhängig vom Glauben. Ich kann auch ohne Bibel

Situationen positiv umdeuten. Der Glaube ist hier nur eine gute Form des Umdeutens, in manchen Situationen wie Krankheit und Tod jedoch die einzig mögliche Form. Die Gefahr ist jedoch, daß der Glaube dann innerhalb der psychologischen Ebene der Lebensbewältigung bleibt, daß er zwar die höchste Stufe darstellt, aber doch qualitativ nicht anders gesehen wird. Der Glaube ist sicher eine gute Weise, auch mit seinen alltäglichen Problemen zurechtzukommen. Aber er darf nicht auf die psychologische Ebene reduziert werden. Im Glauben wende ich mich Gott zu und meinem Geheimnis, wie es mir Gott in seinem Sohn Jesus Christus geoffenbart hat. Um diese Realität des Glaubens in den Blick zu bekommen, bedarf es eines anderen Modells. Im Glauben übersteige ich die psychologische Ebene und erfahre, was ich im Grunde durch Christus geworden bin. Dieses Modell begegnete mir in der transpersonalen Psychologie.

IV. Glauben als Übersteigen

Die transpersonale Psychologie wurde in den USA in den 60er Jahren entwickelt. Als Begründer gilt Abraham Maslow. Maslow unterscheidet verschiedene menschliche Grundbedürfnisse, das Bedürfnis nach Sicherheit, nach Besitz, nach Macht, nach Gruppenzugehörigkeit, nach Selbstwertgefühl und Selbstverwirklichung. Darüber hinaus spricht Maslow in seinen späteren Werken auch von Metabedürfnissen oder B-Bedürfnissen (= Seinsbedürfnisse; von engl. »being«).[5] Er meint damit das Bedürfnis nach Wahrheit, Schönheit und Güte, nach Bewußtseinserweiterung, nach Einheit mit sich selbst und mit Gott, nach Selbsttranszendenz. Wenn diese Metabedürfnisse nicht befriedigt werden, wird der Mensch genauso krank wie bei Nichterfüllung seiner Grundbedürfnisse. Maslow nennt diese Krankheiten »Metapathologien« und definiert sie »als Folge eines Entzugs von B-Werten«[6]. Für Maslow gehört das spirituelle Leben »zum Wesen des Menschen. Ohne es ist die menschliche Natur nicht vollständig die menschliche Natur. Es gehört zum wahren Selbst, zur Identität, zum Kern des Menschen«[7]. Daher muß sich die Psychologie dem spirituellen Leben zuwenden und sich mit Meditation und Bewußtseinserweiterung beschäftigen. Die transpersonale Psychologie hat heute in Amerika viele Anhänger gefunden. Von der traditionellen Psychologie wird sie als unwissenschaftlich abgetan. In kirchlichen Kreisen wird sie oft mit Argwohn beobachtet. Manche rechnen sie zur »New-Age-Bewegung« und qualifizieren sie als »Neo-Gnosis« ab. Mir geht es nicht um eine Beurteilung der transpersonalen Psychologie als solche, sondern um den positiven Ansatz, der mir geholfen hat, die Dimension des Glaubens neu zu entdecken.

Die transpersonale Psychologie unterscheidet drei Ebenen: Die erste Ebene ist die *psychologische Ebene*, die *Ebene der Ego-Bedürfnisse*. Der Mensch sehnt sich nach Erfolg, nach Zuwendung, Zärtlichkeit, Anerkennung, nach Besitz und Macht, nach Freiheit von seinen Ängsten, nach Sicherheit und Selbstvertrauen, nach einer positiven Gemütsverfassung. Auf dieser Ebene muß der Mensch sich mit seinen Verdrängungen beschäftigen. Er muß seinen Schatten annehmen, damit er Selbstvertrauen und inneren Frieden finden kann. Die traditionelle Psychologie hat zahlreiche Methoden entwickelt, durch die man seinen Schatten entdecken, sich mit ihm aussöhnen und ihn in sich integrieren kann. Auch der Glaube ist auf dieser Ebene eine Hilfe. Der Glaube, daß Gott mich annimmt mit all meinen Schwächen und Dunkelheiten, ermöglicht es mir, mich selbst mit meinem Schatten anzunehmen.

Die zweite Ebene ist die *Ebene des Leibes*. Hier geht es darum, ganz im Leib zu sein, lebendig zu sein, mit allen Sinnen zu fühlen, ganz im Augenblick zu leben. Ich brauche nicht mehr meine Vergangenheit aufzuarbeiten und die Verdrängungen aufzulösen, sondern ich soll mit mir und meinem Leib eins werden. Meine Vergangenheit hat sich ja in meinem Leib gespeichert. Die vergangenen Erfahrungen prägen mein Leibgefühl. Verdrängungen haben Spannungen verursacht. Indem ich versuche, die Spannungen zu lösen, lösen sich auch die Verdrängungen auf, ohne daß ich die Vergangenheit ständig in Gesprächen rekapituliere. Wenn ich jetzt mein Leib bin, bin ich auch eins geworden mit meiner Vergangenheit. Auf dieser Ebene kann mir der Glaube insofern helfen, als er mir religiöse Praktiken, wie etwa die Meditation, anbietet, durch die ich die Einheit mit meinem Leib erfahren kann. Wenn sich das Wort Gottes in meinem Leib inkarniert, macht es ihn lebendiger. Das Wort Gottes, das in der Kontemplation mit dem Atem verbunden wird, läßt mich bewußt und wacher in meinem Leib sein.

Die dritte Ebene ist die *transpersonale Ebene*, auf der ich Zugang zu meinem wahren Selbst, zum transzendenten Selbst habe. Ken Wilber, einer der Hauptvertreter der transpersonalen Psychologie in den USA, verweist in seinem Buch »Wege zum Selbst« auf die Methode der Dis-Identifikation, die der italienische Psychiater Roberto Assagioli entwickelt hat. Bei der Dis-Identifikation geht es darum, die Gefühle, die in einem auftauchen, wahrzunehmen. Ich kann zum Beispiel den Ärger beobachten, der in mir hochsteigt. Aber dann stelle ich mir vor, daß der Punkt in mir, der den Ärger beobachtet, vom Ärger nicht infiziert ist. Assagioli spricht vom unbeobachteten Beobachter. Ich kann mir also vorsagen: »Ich habe Ärger. Aber ich bin nicht mein Ärger. Ich habe Probleme. Aber ich bin nicht mein Problem. Ich habe Eifersucht. Aber ich bin nicht die Eifersucht.« Diese Methode kann uns helfen, Abstand zu den Gefühlen zu bekommen. Je mehr wir die Gefühle bekämpfen, eine desto stärkere Gegenkraft wecken wir in ihr. Wenn wir den Ärger in den Griff bekommen möchten, wird er uns nicht so schnell verlassen. Wir müssen ihn in der Faust festhalten. Sonst krallt er wieder nach uns. Aber dieses Festhalten ist anstrengend. Und wir sind doch mit unserem Ärger beschäftigt. Die Kunst ist es, den Ärger anzuschauen und dann loszulassen.

Diese Methode der Dis-Identifikation wird auch in der Meditation angewandt. Da tauchen in der Stille fortwährend Gedanken und Gefühle auf. Ich lasse sie zu. Ich nehme sie wahr. Aber ich folge ihnen nicht. Indem ich sie wahrnehme, distanziere ich mich von ihnen und lasse sie los. Das ist auf dem geistlichen Weg letztlich die gleiche Methode wie die Dis-Identifikation. Dieser Weg führt nicht zur Verdrängung oder Unterdrückung der Gefühle, sondern zu einer Relativierung. Ich nehme die Gefühle wahr und höre auf, dagegen zu kämpfen. Ich lasse dabei nicht nur die Gedanken und Gefühle los, sondern zugleich meine eigenen Vorstellungen von Stille und Meditation. Ich verabschiede mich von der Illusion, als ob ich ganz ausgeglichen und frei von allen störenden Gedanken sein könnte. Die Gedanken kommen und gehen. Und sie dürfen kommen.

Die geistlichen Schriftsteller kennen zwei Bilder, die ihnen helfen, mit den Gedanken umzugehen. Das eine Bild ist das der Wolke. Die Gedanken sind wie Wolken, die am Himmel entlangziehen. Ich lasse sie einfach ziehen und versuche, ganz bei mir zu sein. Das andere Bild ist das des Meeres. An der Oberfläche des Meeres gibt es die Wellen, die manchmal größer und kleiner sind. Aber das Meer ist an der Oberfläche immer unruhig und in Bewegung. Doch je tiefer wir in der Meditation nach unten gehen, desto ruhiger wird es. Meditation ist eine Art der Dis-Identifikation: Ich lasse oben die Wellen kommen und gehen. Ich gehe in die Tiefe und genieße dort die Ruhe, die dort herrscht.

Ken Wilber faßt das Ergebnis der Dis-Identifikation, wie wir sie in der Meditation üben, so zusammen:

In dem Maß, in dem Sie wirklich erkennen, daß Sie z. B. nicht Ihre Ängste sind, bedrohen Ihre Ängste Sie nicht mehr. Selbst wenn Angst vorhanden ist, überwältigt sie Sie nicht mehr, weil Sie nicht mehr ausschließlich an sie gebunden sind. Sie fordern sie nicht mehr heraus, kämpfen nicht mehr gegen sie, leisten ihr keinen Widerstand mehr und laufen nicht mehr vor ihr weg. Auf die radikalste Weise wird die Angst ganz und gar angenommen, wie sie ist, und man erlaubt ihr, sich zu bewegen, wie sie will. Sie haben durch ihre An- und Abwesenheit nichts zu verlieren, nichts zu gewinnen,

denn Sie beobachten einfach, wie sie vorübergeht.
Jede Empfindung, jede Emotion, jeder Gedanke,
jede Erinnerung und jedes Erlebnis, das Sie be-
unruhigt, ist einfach eine Erscheinung, mit der
Sie sich ausschließlich identifiziert haben, und die
Beseitigung der Störung erfolgt einfach, indem
Sie Ihre Identifikation zurücknehmen. Sie lassen
einfach alle Störungen ganz und gar von sich ab-
fallen, indem Sie erkennen, daß sie nicht Sie sind.[8]

Die Therapie der transpersonalen Psychologie
besteht also darin, daß man die Identifizierung mit
seinen Emotionen, Wünschen, Hoffnungen, Begierden und Kränkungen zurücknimmt. Dadurch
bekommt man Abstand zu seinen emotionalen
Regungen. Man fühlt zwar noch weiter Angst
und Kränkung, aber man läßt sich dadurch nicht
mehr beherrschen, weil man sich auf sich selbst
zurückziehen kann und so einen Abstand schafft
zwischen sich und seinen Ängsten. Man fixiert sich
nicht mehr auf seine Ängste. Man läßt sie ruhig zu.
Auf der Ich-Ebene habe ich noch weiterhin Angst,
trifft mich eine Kritik noch weiter an meiner emp-
findlichen Stelle, spüre ich noch weiter Eifersucht.
Aber das macht nicht mehr mein Wesen aus. Ich
darf das alles zulassen. Ich brauche gar nicht mehr
darum zu kämpfen, daß ich meine Eifersucht und
Angst besiege. Es genügt, daß ich mich zurückziehe auf mein wahres Selbst.

In der transpersonalen Psychologie versuchen
wir nicht, unsere Probleme und Nöte zu beseitigen, sondern sie loszulassen. Das befreit uns von
dem Leistungsdruck, alle unsere Probleme lösen zu

müssen. Und es erspart uns eine Menge Energie. Denn der ständige Kampf gegen unsere Gefühle und Leidenschaften kostet uns viel Kraft. Wenn wir sie jedoch einfach zulassen, ohne uns mit ihnen zu identifizieren, verlieren sie ihre Macht über uns. Und wir fühlen uns trotz der vielen Gedanken und Gefühle, die immer wieder in uns auftauchen, innerlich ruhig und frei. Die Gedanken und Gefühle dürfen sein. Aber wir geben ihnen keine Macht über uns. Das Bedrängende sind ja nicht die Gefühle an sich, sondern nur unsere Verhaftung an sie. Wenn wir die Anhaften – so nennen es die Buddhisten – auflösen, wenn wir uns dis-identifizieren, dann verlieren die Gefühle ihre bedrohliche Macht über uns. Ken Wilber vergleicht diese Methode mit den Erfahrungen der Mystiker:

Die Mystiker und Weisen vergleichen diesen Zustand des Registrierens als Zeuge gern mit einem Spiegel. Wir spiegeln einfach alle Empfindungen oder Gedanken, die aufsteigen, ohne uns an sie zu klammern oder sie wegzuschieben, genauso wie ein Spiegel vollkommen und unparteiisch alles zurückwirft, was vor ihm geschieht.[9]

Während es der klassischen Psychotherapie darum geht, daß der Mensch zu seiner Identität findet und alles, was er in sich an Gefühlen und Gedanken entdeckt, annimmt, sich damit identifiziert, verkündet die transpersonale Psychologie eine Ent-Identifizierungs-Therapie. Wir sollen die Identität zwischen unseren Wünschen, Hoffnungen, Begierden, Kränkungen und unserem Selbst aufheben. Wir sollen unterscheiden zwischen dem transpersonalen Selbst, das auf dem Grund unserer Seele ist, und den »peripheren Fluktuationen« und Oberflächenwellen, in denen sich die Gedanken und Gefühle zeigen, die den Kern in uns nicht berühren. Dadurch verlieren unsere persönlichen Probleme an Dringlichkeit. Sie sind nicht mehr »so eine todernste Angelegenheit«[10]. Es lohnt sich nicht mehr, alle Energie darauf zu verwenden, seine Probleme zu lösen, seine Komplexe zu bearbeiten, seine Ängste zu beseitigen, sich mit seinen Kränkungen auszusöhnen, sich mit seinen Schwächen und Schattenseiten anzunehmen. In uns ist schon ein Kern, in dem wir mit uns eins sind, ein Kern, der nicht berührt ist von den Bewegungen unseres Lebens. Und unsere Aufgabe ist es, in diesen Kern vorzudringen, dort unser transpersonales Selbst zu entdecken. »Die Disidentifikation vom Ego, in der ein Mensch sein wahres Wesen erkennt, ist in der transpersonalen Psychotherapie die wichtigste Voraussetzung für seine Befreiung.«[11] Die Dis-Identifikation führt jedoch zu einer neuen Identifizierung. »Hier erfährt man sich nicht mehr als isoliert, sondern als Teil eines größeren Ganzen, als zutiefst mit allem verbunden und in Beziehung stehend.« Und für James Bugental, einem wichtigen Vertreter der transpersonalen Psychologie, ist es Gott, der uns »unsere Sehnsucht nach mehr Wahrheit und Lebendigkeit«[12], nach der Einheit mit uns selbst und mit allen Menschen und mit der Schöpfung erfüllt. Gott weist uns hin »auf die endlos attackierte und doch unzerstörte Würde unseres Seins, auf das Gefühl des Wunderbaren, in dem wir ständig leben, wenn wir wahrhaft bewußt sind«. So führt uns nach Bugental gerade unsere Gotteserfahrung zu unserer eigenen Tiefe, wo wir wahrhaft wir selbst sind. Menschen, die nicht mehr beherrscht werden von Angst und Eifersucht, die frei sind von der Tyrannei ihrer Wünsche und Begierden, die jenseits aller Gedanken und Gefühle ihr transpersonales Selbst entdeckt haben, das zugleich eins ist mit Gott.

Sich selbst annehmen heißt nach dem klassischen Modell, ja zu sagen zu allem, was in einem ist an Gedanken, Gefühlen, Trieben und Wünschen. Wenn verdrängte Wünsche und Erinnerungen auftauchen, sage ich: ja, das bin ich auch, das gehört auch zu mir, das ist Teil von mir. Im transpersonalen Modell dagegen nehme ich mich an, wenn ich zu meinem Selbst vorstoße, das jenseits dieser Wünsche und Erinnerungen ist. Wer bin ich wirklich? Ich bin der, der Gedanken und Gefühle hat. Aber das Ich besteht eben nicht aus den Gedanken und Gefühlen. Mein wahres Selbst entdecke ich erst, wenn ich die Oberfläche der Gedanken und Gefühle durchstoße und in Berührung komme mit meinem transzendenten Kern.

Wenn wir den transpersonalen Ansatz auf den Glauben anwenden, so verstehen wir Glauben als das Transzendieren unserer Ego-Ebene auf die Ebene hin, auf der wir mit Gott verbunden sind. Wir reduzieren den Glauben dann nicht mehr auf die psychologische Ebene unseres Ichs, das vor allem daran interessiert ist, von unangenehmen Symptomen frei zu werden. Wir lösen uns von der Fixierung auf unsere Probleme und wenden uns ganz bewußt Gott zu, aber dem Gott, der in uns wohnt. In den Begriffen der deutschen Mystik könnte man sagen, wir wenden uns dem Seelengrund zu, dem Ort, an dem Gott in uns geboren wird, an dem wir wahrhaft wir selbst sind. Der Mystiker Johannes Tauler meint, in diesen Seelengrund könnten wir nicht aus eigener Kraft gelangen, sondern nur, wenn wir Gott an uns handeln lassen. Und er legt das Gleichnis von der verlorenen Drachme so aus, daß Gott in unser Haus eindringt und alles, was wir als Möblierung unseres Ichs geschaffen haben, erst einmal durcheinanderwirft, um unter all dem Besitz, den wir uns durch unsere Arbeit an uns selbst erworben haben, nach der Drachme zu suchen, nach unserem wahren Selbst (Vgl. Lukas 15,8–10). Gott muß also erst die Ausstattung unseres Ichs, die wir durch psychologische Methoden mühsam geschaffen haben, also unsere Ichstärke, unser Rollenverhalten, unsere Selbstsicherheit, unser Selbstvertrauen, umwerfen, damit wir auf die Drachme stoßen, das Wertvollste, das wir in uns haben: Gott.

Bei diesem Modell wird der Glaube nicht als Methode auf dem Weg zur Selbstverwirklichung verzweckt, sondern als ein Weg weg von den Wünschen und Bedürfnissen unseres Ichs, hin zu Gott, der im Seelengrund schon wohnt, aber den wir in unseren Kreisen um uns selbst übersehen. Der Glaube ist hier keine Methode des Umdeutens, sondern ein Übersteigen der Ebene, auf der wir normalerweise leben, auf die Ebene des Seins in

Gott. Glauben heißt hier nicht bloß, von einer höheren Warte aus sich selbst und sein Leben sehen, sondern sich der Wirklichkeit zuwenden, die schon in uns ist, der Wirklichkeit Gottes und der Wirklichkeit unserer erlösten Existenz. Oder mit der deutschen Mystik könnten wir sagen, wir übersteigen die Ebene unseres Alltagsbewußtseins und dringen an den Ort vor, an dem in uns reines Schweigen ist. In jedem von uns ist schon dieser Ort, an dem es ganz still ist, ein Ort, der unberührt ist von den lärmenden Gedanken, unberührt von unseren Ängsten und Problemen, unberührt von unseren Wünschen und Begierden, von unseren Kränkungen und Enttäuschungen, unberührt auch von unserer Schuld. Die geistlichen Lehrer aller Zeiten muntern uns auf, uns an diesen Ort zurückzuziehen, so etwa Anselm im Proslogion:

»*Auf denn, du kleiner Mensch, flieh ein wenig deine Geschäftigkeit! Verstecke dich eine kleine Weile vor deinen lauten Gedanken! Wirf die Sorgen ab, die auf dir lasten, und nimm Abstand von dem, was dich zerstreut!*«[13]

Und schon vor ihm hat Augustinus immer wieder dazu aufgerufen, in das Innere des Herzens einzukehren, um dort Gott zu finden und das eigene Bild Gottes in sich zu entdecken.

»*Kehret in euer Herz zurück! Was geht ihr fort von euch, um durch euch zugrunde zu gehen? Was geht ihr einsame Wege? Durch Umherschweifen geht ihr in die Irre: kehret zurück! Wohin? Zum Herrn. Schnell! Zuerst kehre in dein Herz zurück! Ausgewandert von dir schweifst du draußen*

umher; du kennst dich selbst nicht und fragst nach
dem, von dem du geschaffen bist … Kehre in dein
Herz zurück! Sieh dort, was du etwa von Gott
denkst, weil dort das Bild Gottes ist! Im inneren
Menschen wohnt Christus, im inneren Menschen
wirst du erneuert zum Bilde Gottes, in seinem
Bilde erkenne dessen Urheber.« [14]

Oder an einer anderen Stelle: »Gott thront über
seiner heiligen Stätte. Willst auch du sein Wohnsitz
sein? Wähne nicht, du könntest es nicht. Bereite
ihm Raum in deinem Herzen, und er wird gerne
darin thronen.« [15]

All diese Texte zeigen, daß es im Glauben darauf ankommt, sich in sein Inneres zurückzuziehen
und dort Gott zu suchen und in Gott zu seinem
wahren Wesen zu finden. Wo Gott in uns ist, da
sind wir ganz wir selbst, da berühren wir unser
eigentliches Geheimnis. Für die deutsche Mystik ist
es der Ort des reinen Schweigens, der Ort, zu dem
allein Gott Zutritt hat. An diesem Ort bin ich erst
ganz ich selbst, da lebe ich nicht mehr auf reduziertem Niveau, sondern auf dem Niveau, das mir
als Sohn Gottes angemessen ist. Die Kirchenväter
wollen uns immer wieder an unsere wahre Würde erinnern. Im Glauben erkennen wir, wer wir
eigentlich sind. Der Glaube möchte uns das Geheimnis unserer Erlösung aufzeigen. Und wenn wir
im Glauben sehen, was wir im Grunde sind, dann
bekommen wir Abstand zu den Problemen des Alltags, zu den Problemen unserer Ego-Ebene. Auf
der psychologischen Ebene haben sich unsere Probleme zwar nicht aufgelöst, aber sie beherrschen

uns nicht mehr, weil wir wissen, daß das eben nur eine Ebene ist, aber nicht die entscheidende.

Natürlich müssen wir auch auf der psychologischen Ebene leben. Da sind wir weiter unsicher, voller Angst und Unruhe, da rechnen wir und überlegen wir, was die anderen von uns halten. Aber wir haben Abstand zu diesem Rechnen. Wir spüren, daß wir jetzt wieder auf dieser Ebene unsere Rolle spielen, aber die Rolle hat uns nicht mehr im Griff. Im Glauben haben wir einen Ort, an den wir uns zurückziehen können, den Ort des wahren Selbst, das eingetaucht ist in Gott. Wenn ein Mensch diesen Ort verloren hat, dann wird er vom Alltag beherrscht, dann muß er sich ihm in seiner ganzen Schärfe stellen, und er steht unter dem Leistungsdruck, ihn bestehen zu müssen. Und er lebt auf reduziertem Niveau. Er lebt nur auf der Ebene seines Ichs und übersieht, daß er noch viel mehr Schichten hat, die auch leben wollen. Er wird seinem Wesen nicht gerecht. Er beschränkt sich auf die Ebene von Leistung und Erfolg, von Anerkennung und Zuwendung. Wenn wir uns in unserem Alltag beobachten, so finden wir uns oft auf ein Niveau reduziert, auf dem wir zwar dahinleben, auf dem wir planen und agieren, auf dem wir beherrscht werden von unseren Terminen und uns dabei wichtig vorkommen, aber im Grunde vorbeileben an unserem eigentlichen Menschsein. Der Zugang zu unseren tieferen Schichten ist uns versperrt. Wir sind abgeschnitten von der Quelle, aus der wir leben. Die Meditation könnte uns wieder mit dieser Quelle verbinden.

Wenn ich morgens mit dem Jesusgebet meditiere, so horche ich in mich hinein. Das Jesusgebet ist für mich der Schlüssel, der mir mein Herz aufschließt und mich in den innersten Ort des Herzens dringen läßt. Dort hat niemand Zutritt außer Gott. Ich habe dann das Gefühl: Hier bin ich ganz allein mit Gott. Die Mitbrüder mit ihren Problemen bleiben draußen. Was es heute an Wirbel in der Verwaltung geben wird, das berührt mich hier nicht. Die Fragen, die ich heute in meiner Arbeit angehen muß, gehen mich an diesem Ort nichts an. Selbst die Probleme der Welt, Probleme der Umweltzerstörung und Hochrüstung, bleiben da draußen. Das gibt mir ein Gefühl von Freiheit. Es gibt einen Ort, an den ich mich zurückziehen kann, an dem mich niemand erreicht als Gott. Keiner kann mich anrufen. Keiner dringt in meine Gedanken und Gefühle ein und beschäftigt mich dort. Ich bin allein mit Gott. Ein Punkt in mir ist völlig unberührt von dem, was täglich auf mich einströmt. Wenn ich mir das bewußtmache, tut es mir gut. Ich spüre, die Probleme, denen ich mich heute wieder stellen muß, beherrschen mich nicht. Sie liegen nicht wie ein Fels auf meinem Herzen. Es ist ein Abstand zwischen ihnen und mir.

Das bedeutet nicht, daß ich vor den Problemen davonlaufe. Natürlich besteht die Gefahr, daß ich so fasziniert bin von diesem Ort des reinen Schweigens, daß ich dort in der Höhle bleiben möchte. Aber Gott ruft mich wie den Propheten Elija heraus aus der Höhle: »Komm heraus, und stell dich auf den Berg vor den Herrn.« (1 Könige

19,11) Auf dem Berg, im Sturm des Alltags, da will Gott vorüberziehen. Ich darf mich nicht in der Höhle verkriechen. Aber ich kann mich dem Sturm nur stellen, weil ich in mir einen Ort spüre, wo der Sturm nicht hindringen kann. Diese Erfahrung ist für meine Arbeit entscheidend. Die Arbeit erdrückt mich nicht, sie hält mich nicht in Dauerstreß, weil ich einen inneren Abstand dazu habe, einen Ort, an dem sie mich nicht mehr verfolgt, einen Ort, an dem ich ganz ich selbst sein kann, allein in meinem Gott.

Ich möchte nicht alles unterschreiben, was die transpersonale Psychologie lehrt. Aber das transpersonale Modell hat mir ein neues Verständnis für die Dimension des Glaubens gegeben. Der Glaube zeigt mir mein eigentliches Selbst. Die Worte der Bibel öffnen mir gegenüber der Ebene der Ego-Bedürfnisse eine andere Ebene, die Ebene des von Jesus Christus erlösten Menschen, des Menschen, in dem Gott selbst Wohnung genommen hat. Und wir müssen uns gegenüber unserem Selbstverständnis, das auf der Ego-Ebene stehenbleibt, immer wieder einweisen lassen in das eigentliche Geheimnis unseres Seins. Die Wahrheit wird uns frei machen, sagt Johannes. Wenn wir durch die Beschäftigung mit der Bibel an dem Kern unseres Seins rühren, dann ist das die wahre Befreiung von unseren Problemen. Wir kreisen dann nicht mehr um unsere Probleme, sondern wenden uns ganz bewußt der Dimension des Glaubens zu. Wir brauchen dann nicht mehr darum zu ringen, die Sprache des Glaubens unserer alltäglichen Sprache anzupassen. Wir brauchen nicht mehr künstlich zeitgemäß zu predigen, sondern wir sollen in unserer Verkündigung das eigentliche Geheimnis des Menschen aufzeigen. Der Glaube wird dann nicht mehr verpsychologisiert, sondern wir rühren an eine Dimension, die die Ebene der Psychologie übersteigt, an das Geheimnis der Gotteskindschaft, an das Geheimnis der Vergöttlichung des Menschen durch den Gottmenschen Jesus Christus. Aber auch dieses Geheimnis müssen wir so verkünden, daß sich die Menschen im Innersten ihres Herzens angesprochen fühlen, daß ihre wahre Sehnsucht angerührt wird, die Sehnsucht, sich selbst vergessen und in Gott ihren Frieden finden zu können.

Leider wurde und wird der Glaube oft so verstanden und verkündet, daß wir uns anstrengen müssen, uns nach dem Willen Gottes zu richten. Wir müssen Tag für Tag neu versuchen, seine Gebote zu erfüllen, an uns zu arbeiten, daß wir dem entsprechen, was wir vor Gott sein sollten. Wir laufen dann ständig mit einem schlechten Gewissen herum, da wir hinter unserem Ideal zurückbleiben. Dabei ist es oft unklar, ob es wirklich das Idealbild ist, das sich Gott von uns gemacht hat, oder vielmehr das Idealbild unseres Über-Ichs, mit dem uns das Über-Ich zur Perfektion und Höchstleistung antreibt. Gott ist gnädiger als unser Über-Ich. Er will, daß wir lebendig werden und frei, und nicht, daß wir uns verkrampfen und in ständiger Anspannung leben. Die Frohe Botschaft des Glaubens verkündet uns nicht, was wir sein sollten oder eigentlich tun müßten, sondern zuerst, wer wir eigentlich sind. Wir sind durch Christus erlöst, wir sind schon die, in denen Gott wohnt. Natürlich sind wir auch Sünder, Menschen, die verstrickt sind in viele Abhängigkeiten, die egoistische Absichten haben und ein falsches, verlogenes Herz. Aber selbst unter all unserer Schuld ist noch ein Kern, der von der Sünde nicht berührt ist. Das will uns das Dogma von der unbefleckten Empfängnis Mariens sagen.

Es gibt in uns eine Lauterkeit, die von der Erbsünde nicht getrübt ist, einen Kern, der nur von Gottes Gnade, aber nicht von der menschlichen Schuld umfangen ist. Christus will uns mit seiner Botschaft an diesen Kern erinnern. Wir sollen uns freuen über unser wahres Geheimnis, daß wir schon erlöst sind, daß wir schon Anteil haben am göttlichen Leben. Wenn wir das Geheimnis unserer Existenz berührt haben, dann müssen wir natürlich auch danach leben. Denn eine Erkenntnis, die nur im Kopf bleibt, verfliegt wieder. Wir würden in einen Zwiespalt geraten, wenn Erkenntnis und Tun auseinanderklaffen. Ein Stück weit bleiben wir allerdings mit unserem Tun immer hinter der Erkenntnis des Glaubens zurück. Aber je mehr wir uns dem Geheimnis unseres Lebens zuwenden, desto mehr werden wir daraus leben. Oft müssen wir unsere Erkenntnis stützen durch ein Korsett von asketischen Übungen. Sie haben aber nicht das Ziel, uns vollkommen zu machen, sondern uns auch in unserem Tun und Denken aus dem Geheimnis unserer Erlösung heraus leben zu lassen. Die Askese will uns immer wieder in Verbindung bringen mit unserem wahren Kern, damit wir wirklichkeitsgerecht aus dem leben, was Gott bereits an uns getan hat.

V. Glauben als Weg zum wahren Selbst

Was in uns durch Jesus Christus geschehen ist, und wer wir durch ihn geworden sind, das sagt uns vor allem das Johannesevangelium. In diesem Evangelium begegnen wir Jesus weniger als dem, der die Menschen heilt und ihnen die Botschaft vom Reich Gottes verkündet, sondern als dem, der sich selbst offenbart, der das Geheimnis seiner eigenen Existenz erschließt, und der uns zeigt, daß wir in ihm schon ewiges Leben gewonnen haben. Jesus zeigt uns, wie er unser Sein verwandelt hat. Er offenbart uns unser neues Sein. Wir sind die, in denen Gott selbst Wohnung genommen hat, die von Gottes Geist erfüllt sind. Und Jesus weist uns einen Weg, wie wir unserem Sein gemäß leben können.

Johannes will in seinem Evangelium auf die Fragen der Gnosis antworten, die die Herzen der Menschen am Ausgang des 1. Jahrhunderts bewegten. Die Menschen sehnten sich nach Erleuchtung, nach Erkenntnis. Sie spürten: das, was wir hier treiben, worum wir uns mühen und kämpfen, das kann doch nicht alles sein. Es muß doch ein Fenster geben, durch das das wahre Licht aus dem Himmel zu uns kommt, das Licht, das unsere Dunkelheit erleuchtet. Und es muß doch ein anderes Leben geben als das, was wir hier Leben nennen, mehr als den Kampf, im Vergleich mit den anderen gut abzuschneiden. Es muß doch wahres Leben geben, Leben in Fülle, Leben in Freiheit, Leben in Freude und Liebe. Und es muß doch mehr geben als die Zerrissenheit unseres Herzens, mehr als die Spaltung der Menschen untereinander. So sehnten sich die Menschen nach Einheit, nach Einheit zwischen Gott und den Menschen, nach Einheit mit sich selbst und nach Einheit unter den Menschen. Erleuchtung, Erkenntnis, Leben, Licht, Wahrheit, Liebe und Einheit, das waren die Schlüsselbegriffe der Gnosis, die auch Johannes in seinem Evangelium übernimmt.

Johannes antwortet auf die Sehnsüchte und Fragen seiner Zeitgenossen. Und er kleidet seine Antwort in die Worte Jesu. Jesus ist der, der vom Himmel gekommen ist und uns Licht und Leben bringt. Johannes nimmt die Fragen der Gnosis ernst. Er tut sie nicht ab als gnostische Tendenz, wie das heute so oft geschieht. Unsere Zeit gleicht der Zeit der Gnosis. Auch heute sehnen sich die Menschen nach Erleuchtung, nach Bewußtseinserweiterung, nach Einheit mit dem Kosmos, nach Alleinheit. Dabei greifen sie nach allen Methoden und Wegen, die ihnen auf dem spirituellen Markt angeboten werden, um zu solchen Einheitserfahrungen zu gelangen. Statt ihre Suche nach Einheit und Erleuchtung zu verurteilen, sollen wir uns ihnen genauso stellen, wie es das Johannesevangelium am Ende des 1. Jahrhunderts getan hat. Gerade das mystische Evangelium des Johannes könnte uns Antwort auf unsere Fragen geben. Johannes beschreibt Jesus als das Licht, das vom Himmel herabgekommen ist, um uns in unserer Dunkelheit zu leuchten. In ihm hat sich wirklich ein Fenster aufgetan, und wir können einen Blick werfen in die Welt des Himmels, in die Welt Gottes. Er ist es, der uns den Schleier lüftet und uns das Geheimnis Gottes erschließt: »Niemand hat Gott je gesehen. Der Einzige, der Gott ist und am Herzen des Vaters ruht, er hat uns Kunde gebracht.« (Johannes 1,18) Doch er hat uns nicht nur von Gott erzählt, in ihm ist Gottes Herrlichkeit selbst aufgeleuchtet. In ihm ist das ewige Wort, durch das die ganze Welt geschaffen ist, der Urgrund alles Seins »Fleisch geworden, und hat unter uns gewohnt. Und wir haben seine Herrlichkeit gesehen, die Herrlichkeit des einzigen Sohnes vom Vater, voll Gnade und Wahrheit« (Johannes 1,14). Wenn die Welt durch das Wort geworden ist, dann ist sie für uns verstehbar, vom gleichen Geist durchdrungen, den wir in uns haben. Und wenn dieses Wort Mensch wird, für uns anschaubar und angreifbar, dann geht uns auch das Geheimnis der Welt auf, dann wird auf einmal alles klar.

Christus gab uns die Macht, Kinder Gottes zu werden, »die nicht aus dem Blut, nicht aus dem Willen des Fleisches, nicht aus dem Willen des Mannes, sondern aus Gott geboren sind« (Johannes 1,13). Die Frage ist, woher wir uns definieren. Definieren wir uns vom Erfolg her, von der Anerkennung durch andere, von unserer Wirkung, von unserem Schein, dann sind das Definitionen auf der Ego-Ebene, Definitionen des Fleisches, Definitionen aus dem Willen des Mannes. Jesus zeigt uns den Weg, uns anders zu definieren, als Kinder Gottes, als Menschen, die aus Gott geboren sind und nicht aus der Gunst der Menschen, die ihren Ursprung in Gott haben, und nicht in menschlicher Zuwendung. Jesus will uns an unseren göttlichen Kern erinnern. Das klingt zunächst sehr abstrakt, zu schön, um wahr zu sein, so weit weg, daß wir nicht wissen, wie wir damit leben sollen. Aber wenn wir uns an das Modell der transpersonalen Psychologie erinnern, dann bekommen diese Aussagen Jesu auf einmal ein anderes Gewicht. Jesus beschreibt unser wahres Selbst. Unser Geheimnis besteht darin, daß wir aus Gott geboren sind. Wenn wir das ernst nehmen, dann relativieren sich viele Probleme, dann können wir uns anders den Problemen unseres Lebens zuwenden, dann haben wir einen inneren Abstand dazu.

Neulich hielt ich einen Kurs für eine Mädchenklasse. Alle waren sehr nett und offen für das, was ich ihnen sagte. Aber sie waren vor allem mit der Frage beschäftigt, wer wessen Freundin ist. Ein Mädchen hatte die Freundin innerhalb der Klasse gewechselt und dadurch die Klasse gespalten. Alles drehte sich nur noch um Beziehungsprobleme. Sie definierten sich von ihren Beziehungen zueinander. Das war der Maßstab, der bestimmte, ob sie sich zufrieden oder unzufrieden, gut oder schlecht, glücklich oder unglücklich fühlten. Da ging mir auf, wie recht Johannes hat, wenn er uns nicht von unseren Beziehungen her definiert, sondern von unserem wahren Wesen. Die meisten Mädchen waren fromm. Aber ihre Gebete kreisten darum, daß sie die richtige Freundin fänden und sich nicht allein fühlten. Der Glaube wurde ganz auf die Beziehungsebene herabgezogen. Jesus fordert uns jedoch auf, diese Ebene im Glauben zu übersteigen. Wenn mir aufgeht, was es heißt, aus Gott geboren zu sein, dann ist es nicht mehr so entscheidend, ob ich aus dem Wohlwollen dieses oder jenes Menschen geboren werde, ob ich Anerkennung und Zuwendung bekomme oder nicht.

Mein Novizenmeister, Pater Augustin, den ich sehr verehre, weil er mir auf meinem geistlichen Weg gute Hinweise gegeben hat, sagte oft: Dieses oder jenes Problem müsse ich übernatürlich lösen. Wenn ich Schwierigkeiten mit Mitbrüdern hätte, sollte ich diese geistlich bewältigen. Er meinte damit, ich solle beten und meditieren, anstatt mich zuviel um die Probleme zu kümmern. Oder ich solle für den Mitbruder beten, dann würde ich ihn in einem anderen Licht sehen. Oft wehrte ich mich gegen solche übernatürlichen Lösungen. Sie kamen mir zu billig vor, sie schienen mir zu schnell das Problem zu überspringen. Doch nun sehe ich das etwas anders. Manche Probleme mit Mitmenschen lassen sich auch durch noch so viele Gespräche nicht lösen. Da ist es eine Hilfe, auf eine andere Ebene zu gehen, auf der es nicht mehr so wichtig ist, wie dieser oder jener Mitbruder denkt. Ich merke, daß es nichts nützt, das ständige Streben nach Anerkennung nur dadurch zu lösen, daß man doch mehr auf seine guten Seiten und auf die tatsächlichen Bestätigungen sehen solle. Man muß diese Ebene übersteigen und sich fragen: Woher will ich mich definieren, von meinem Wert vor Gott, von meinem Geheimnis, daß ich Sohn Gottes bin?

Das wäre so eine übernatürliche Lösung. Der Glaube überspringt die Ebene nicht, sondern übersteigt sie. Überspringen würde bedeuten, daß ich gar nicht wahrnehme, wie sehr ich mich nach Anerkennung und Zuwendung sehne. Ich würde es einfach verdrängen. Ich würde das Problem nicht angehen, sondern mich in die heile Welt des Glaubens flüchten, in die Höhle bei Gott. Übersteigen heißt dagegen, daß ich zugebe, wie sehr es mich schmerzt, daß andere mehr Liebe und Zuwendung bekommen als ich, aber ich fixiere mich nicht darauf. Ich gestehe es mir zu, daß ich auf meiner Ego-Ebene eben noch empfindlich bin und verletzlich. Aber ich übersteige diese Ebene und wende mich dem eigentlichen Geheimnis meines Seins zu, daß ich Kind Gottes bin. Wenn ich das meditiere, dann kreise ich nicht mehr um meine Anerkennung, ich erfahre mich neu. Ich bekomme Abstand zu meinem Bedürfnis. Es beherrscht mich nicht mehr. Aber es genügt eben nicht, sich das nur theoretisch klarzumachen. Unsere Definition von der Ego-Ebene her sitzt uns so sehr im Fleisch, daß wir uns bewußt in die andere Definition einüben müssen, durch Meditation, Gebet, Liturgie und Bibellesung. Wir müssen es uns von Gott immer wieder sagen lassen, wer wir sind. Das Wort Gottes muß mehr Macht in uns gewinnen als das Wort des Menschen.

Für die Entwicklung des Menschen ist es sicher nötig, sich auch der Ego-Ebene zu stellen. Ich darf meine mangelnde Anerkennung durch Menschen nicht dadurch kompensieren, daß ich mich in die Höhle meines Herzens zurückziehe, in der ich bei Gott bin. Für einen Jugendlichen wäre das Flucht vor der Realität. Es gehört auch dazu, um seinen Stand im Leben zu kämpfen. Man muß das Ich erst entwickeln, bevor man es loslassen kann. Es geht nicht um die Alternative, Suche nach Ichstärke und Sichübersteigen auf das eigene Selbst hin, sondern um die Relativierung der Ego-Ebene. Ich gestehe ihr ihre Berechtigung zu, aber ich lasse mich nicht von ihr beherrschen. Ich bin nicht fixiert darauf, sondern kann auch auf die Ebene des transpersonalen Selbst steigen, um von da aus die Bedürfnisse der Ego-Ebene in einem anderen Licht zu sehen. Ich verleugne sie dann nicht, sondern sehe sie von einem höheren Standpunkt aus. Sie sind nicht mehr wie ein Berg, über den ich nicht drüber sehen kann, sondern sie lösen sich auf und stürzen ins Meer. Das meint Jesus, wenn er vom Glauben sagt:

»Wenn jemand zu diesem Berg sagt: Heb dich empor, und stürz dich ins Meer!, und wenn er in seinem Herzen nicht zweifelt, sondern glaubt, daß geschieht, was er sagt, dann wird es geschehen.« (Markus 11,23)

Im Glauben übersteige ich die Ebene, auf der sich die Probleme auftürmen. Ich sehe über den Berg. Der Berg wird klein, er stürzt ins Meer.

Johannes entfaltet in seinem Evangelium, was wir durch Jesu Kommen in die Welt geworden sind. Er offenbart uns unser neues Sein und das Geheimnis Jesu, in dem wir uns selbst mit unseren Möglichkeiten erkennen können.

Im ersten Kapitel läßt er Johannes, den Täufer, Zeugnis geben von Christus als dem wahren Messias. Und die ersten Jünger sind fasziniert von diesem Jesus und folgen ihm nach. Sie spüren, daß sie den gefunden haben, nach dem sie sich gesehnt hatten, »über den Moses im Gesetz und auch die Propheten geschrieben haben« (Johannes 1,45). Im zweiten Kapitel schildert Johannes die Hochzeit zu Kana. Das äußere Geschehen ist Symbol für das Geheimnis Jesu selbst. In Jesus hält Gott Hochzeit mit den Menschen. Mit dieser Hochzeitsgeschichte deutet Johannes das Geheimnis der Menschwerdung Gottes. So wie Mann und Frau in der Hochzeit miteinander eins werden, so wird in Jesus Christus unsere menschliche Natur eins mit Gott. In Jesus Christus haben wir teil an der unendlichen Liebe Gottes, da werden wir in die Einheit mit Gott hineingehoben. Wir erfahren das Geheimnis des Menschen, daß Gott selbst zu uns gekommen ist, um mit uns ein Fest zu feiern, das Fest unserer Vermählung mit Gott. In Christus leuchtet uns Gottes Herrlichkeit auf. Unser Wasser wird zu Wein, das bißchen Liebe, das wir haben, wird durch die göttliche Liebe Jesu verwandelt in Wein, der uns nie mehr ausgehen wird. (Vgl. Johannes 2,1–12) Unser Leben bekommt einen neuen Geschmack, einen göttlichen Geschmack der Liebe und der Ekstase.

Alle Wunder und Handlungen Jesu sind für Johannes Zeichen, Zeichen von Gottes Herrlichkeit, Zeichen dafür, daß Jesus uns das Licht und das Leben gebracht hat. So ist die Vertreibung der Händler aus dem Tempel (vgl. Johannes 2,13–22) Zeichen dafür, daß er durch seine Menschwerdung unseren Leib zum Tempel Gottes gemacht hat. Wir selbst gleichen oft einer Markthalle. Wir handeln und wechseln, wir vergleichen uns mit anderen und möchten nur unseren Vorteil. Doch das ist ein sehr reduziertes Selbstverständnis. Auf dieser Ebene gehen wir an unserem eigentlichen Geheimnis vorbei. Christus deckt uns unser Geheimnis auf: wir sind Tempel Gottes. Gottes Herrlichkeit will in unserem Leib wohnen. Wenn wir durch Jesus das Geheimnis unseres Lebens, unseres Leibes, unserer Existenz verstanden haben, können wir auch anders leben. Wir definieren uns dann nicht mehr von unserer Rolle her, die wir bei den Menschen spielen, von dem Wert, den wir bei ihnen haben, von der Währung, mit der wir bei ihnen gehandelt werden, sondern wir definieren uns von unserem wahren Wesen her, von dem Geheimnis, daß Gott selbst in uns wohnt und uns mit seinem Licht, mit seinem Leben, mit seiner Liebe, mit seiner Herrlichkeit erfüllt.

Und so entfaltet Johannes das Geheimnis Jesu und unser Geheimnis immer mehr. Im dritten Kapitel spricht Jesus mit Nikodemus über die Wiedergeburt. Die Geburt Jesu, die Menschwerdung Gottes in Jesus, will uns auch das Geheimnis unserer Geburt, unserer eigentlichen Herkunft zeigen. Wir sind nicht nur die, die unsere Eltern gezeugt, die unsere Mutter geboren hat, sondern wir sind aus dem Heiligen Geist geboren, aus Gott. Das ist unser wahres Wesen. »Was aus dem Fleisch geboren ist, ist das Fleisch; was aber aus dem Geist geboren ist, das ist Geist.« (Johannes 3,6) Wir sind aus dem Geist geboren. Daher stehen wir nicht mehr unter der Herrschaft anderer Menschen, wir sind nicht von ihrem Willen abhängig, nicht von ihrem Wohlwollen gezeugt, sondern von Gott. Unser wahrer Grund ist Gott. Und daher leben wir in Freiheit, unabhängig von dem, was Menschen über uns sagen. Wir leben von der Gnade Gottes, von seiner Zuwendung, von seiner Zärtlichkeit, von der Geborgenheit, die er uns schenkt, von seinem Wohlwollen und von seiner Liebe. Das ist das wahre Geheimnis unseres Lebens.

In den nächsten Kapiteln zeigt uns Johannes, daß Jesus unsere wahre Sehnsucht erfüllt. Im Gespräch mit der Samariterin erweist sich Jesus als das Wasser, das in uns zur sprudelnden Quelle wird und uns ewiges Leben schenkt. (Vgl. Johannes 4,14) Weder das Trinken noch die Zuwendung vieler Männer können den wahren Durst dieser Frau löschen, das kann nur Gott. In Jesus erfüllt er unseren tiefsten Durst, den Durst der Seele nach Lebendigkeit und Fülle. Und er macht uns lebendig, er befreit uns von Lähmungen und Hemmungen, von Starre und Verkrampfung. Jesus erklärt seine Wunder. Die Heilung des Gelähmten zeigt, daß er wahres Leben schenken kann, das nicht beeinträchtigt wird von Ängsten und Hemmungen, ein Leben, das selbst den Tod überstiegen hat. Und seine Brotvermehrung im sechsten Kapitel läßt uns in Jesus das wahre Brot erkennen, das vom Himmel herabkommt und unseren Hunger stillt. Lebendiges Wasser und lebenspendendes Brot und erleuchtendes Licht, das ist das Wesen Jesu, das er in den Streitgesprächen im siebten und achten Kapitel noch weiter entfaltet.

Im neunten Kapitel heilt Jesus einen Blinden, um zu zeigen, daß er das wahre Licht ist, das in die Welt gekommen ist, um uns sehend zu machen, um alle Dunkelheit aus unserem Herzen zu vertreiben und um uns im Lichte wandeln zu lassen. Und er ist der gute Hirt. Er kennt uns. Er begleitet uns auf unseren Wegen. Ja, er gibt sein Leben für uns, damit wir das Leben in Fülle haben. Dieses Geheimnis, daß der Hirt sein Leben für seine Schafe gibt und ihnen dadurch ewiges Leben schenkt, wird dann in den folgenden Kapiteln bis einschließlich Passion entfaltet. Wer an Jesus glaubt, bleibt nicht im Tode. Das zeigt er in der Auferweckung des Lazarus. Am Kreuz wird Jesus den Herrscher dieser Welt besiegen und alle an sich ziehen, die an ihn glauben. Durch seinen Tod werden wir der Herrschaft der Finsternis entrissen und für immer Kinder des Lichts. Das Geheimnis seines Leidens und Sterbens und seines Hinübergangs zum Vater im Tod und in der Auferstehung deutet Johannes zuerst in den Kapiteln 13–17, bevor er es dann im 18.–21. Kapitel beschreibt. Leiden und Tod Jesu sind die letzte Konsequenz seiner Menschwerdung. Gottes Herrlichkeit hat sich so tief zu den Menschen herabgelassen, daß sie sich selbst in seinen Tod hineinbegibt. Die Fußwaschung zeigt, daß sich Jesus im Tod bis zu den schmutzigen Füßen des Menschen hinabbeugt, um ihn von Grund auf rein zu machen. Er beugt sich bis zu seiner Sünde hinab, um auch sie durch seine Liebe abzuwaschen. In den Abschiedsreden läßt uns Jesus noch mal in das Geheimnis seines Wesens schauen.

Da entfaltet er das neue Sein, das er uns durch seinen Tod und seine Auferstehung geschenkt hat. In seinem Tod ist Jesus leibhaft von uns gegangen. Aber er läßt uns nicht als Waisen zurück. Er schenkt uns seinen Geist. Und in diesem Geist werden wir ihn sehen.

»Ihr aber seht mich, weil ich lebe und weil auch ihr leben werdet. An jenem Tage werdet ihr erkennen: ich bin in meinem Vater, ihr seid in mir, und ich bin in euch.« (Johannes 14,19)

In diesem Wort sagt uns Jesus, wer wir durch ihn geworden sind. Wir sind lebendig geworden. Leben war ein Schlüsselwort der Gnosis. Nach Leben haben sie sich gesehnt, nicht nach dem reduzierten Leben, nach dem Scheinleben, sondern nach echtem Leben, nach Leben in Fülle. Dieses Leben Jesu ist in uns. Wir werden leben durch seinen Geist. Wenn ich dieses Wort in mich hineinfallen lasse, dann erfahre ich mich neu, dann entdecke ich erst meine innere Lebendigkeit. Ich komme in Kontakt zur Quelle des Lebens in mir. Und der Kern dieser Lebendigkeit ist das: «Ihr seid in mir, und ich bin in euch.« Dieses Wort kann man nicht mehr erklären. Man muß es zu schmecken versuchen, wie es die Mönche in der

»lectio divina«, in der täglichen meditativen Lektüre der Bibel, empfehlen. Dann erlebt man sich neu, dann geht einem das Geheimnis des eigenen Seins auf. Das neue Sein braucht aber auch Formen des Ausdrucks. Für Jesus drückt es sich im Halten der Gebote aus.

»Wer meine Gebote hat und sie hält, der ist es, der mich liebt; wer aber mich liebt, wird von meinem Vater geliebt werden, und auch ich werde ihn lieben und mich ihm offenbaren.« (Johannes 14,21) *»Wenn jemand mich liebt, wird er an meinem Wort festhalten; mein Vater wird ihn lieben, und wir werden kommen und bei ihm wohnen.«* (Johannes 14,23)

Das Halten der Gebote ist nach Jesus nicht etwas Äußerliches, sondern in ihm konkretisiert sich das neue Sein. Wenn wir spüren, wer wir sind, dann leben wir von selbst nach seinem Wort, dann suchen wir von selbst nach einem Ausdruck für unsere Existenz. Und wir werden bei dieser Suche auf die Gebote Jesu stoßen. In ihnen drückt sich unser neues Sein aus. Wenn eine Erkenntnis nur im Kopf bleibt, vergeht sie wieder. Sie braucht den leibhaften Ausdruck, damit sie in uns lebendig bleibt. Die Gebote sind also nicht äußerlich, sondern sie helfen uns, die Erfahrung des neuen Seins durchzuhalten und sie in alle Lebensbereiche hinein zu inkarnieren.

Johannes beschreibt das neue Sein durch das Bild vom Weinstock und den Reben. So wie die Rebe am Weinstock hängt und von seinem Leben durchströmt wird, so hängen wir an Christus.

Jesus spricht in diesem Zusammenhang immer wieder vom Bleiben in ihm. »Wer in mir bleibt und in wem ich bleibe, der bringt reiche Frucht.« (Johannes 15,5) Das Bild vom Weinstock scheint uns allzu weit weg von unserer Alltagserfahrung zu sein.

Ich brauche lange, um davon berührt zu werden. Aber wenn ich mich in dieses Bild hineinvertiefe, dann ahne ich etwas vom Geheimnis meines Lebens. Mein Geheimnis besteht darin, daß ich eins bin mit Jesus Christus, daß ich von seinem Leben durchpulst werde, daß ich in ihm lebendig werde und Frucht bringe. Wenn ich mir vorstelle: das bin ich, das ist meine Wirklichkeit, dann trete ich meinem Alltag mit seinen Problemen anders gegenüber. Ich entnehme den Worten Jesu zwar keine korrekte Handlungsanweisung. Aber weil ich durch dieses Bild in Berührung komme mit meinem eigentlichen Selbst, kann ich wirklichkeitsgerechter leben. Ich übertreibe nicht die Bedeutung meiner Arbeit, meiner Wirkung bei den Menschen, es bekommt alles seinen richtigen Stellenwert. Auf einmal ist es gar nicht mehr wichtig, ob jemand heute an mich denkt, mir einen Brief schreibt oder mich anruft. Es ist nicht mehr wichtig, ob ich von Mitbrüdern übergangen werde, oder ob mir einer aus seiner Unzufriedenheit heraus verletzende Worte an den Kopf wirft. Das ist im Vergleich zum Geheimnis meines Lebens unbedeutend. Ich mache mir keine Vorwürfe, wenn mich die Worte immer noch treffen, wenn trotz aller Meditation Ärger in mir hochsteigt oder Eifersucht mich beherrscht. Ich lasse das zu. Aber ich ziehe mich zurück auf mein eigentliches Sein. Und das wird davon nicht berührt. Das ist angeschlossen an den Kreislauf Christi, das ist eingetaucht in Gott. Mein Rückzug auf mein transzendentes Selbst ist keine Flucht vor dem Verletztwerden. Ich mache mich dadurch nicht unangreifbar. Im Gegenteil, ich bin weiter verwundbar. Aber die Wunde geht nicht bis an die Substanz. Ich identifiziere mich nicht mit ihr. Ich stehe nicht unter dem psychologischen Leistungsdruck, mit meinen Kränkungen besser zurechtkommen zu müssen. Ich brauche nicht alle Energie, gegen meine Verletzlichkeit anzukämpfen. Die Ego-Ebene mit all ihren Bedürfnissen und Wunden darf weiter existieren. Aber ich bin nicht auf diese Ebene reduziert.

Im Glauben kann ich eintauchen in die Wirklichkeit Gottes, in die Wirklichkeit meines Seins. Und von daher verlieren die Kränkungen ihre Macht über mich. Insofern ist der Glaube doch eine Lebenshilfe. Aber er ist es gerade dadurch, daß er nicht als Hilfe mißbraucht wird, sondern als Weg, sich auf Gott einzulassen, mit ihm eins zu werden. Weil ich von mir weg auf Gott schaue, lösen sich manche Probleme auf. Denn die Probleme werden gerade dann bedrohlich, wenn ich mich mit ihnen identifiziere. Wenn ich meine Identität in Gott finde, dringen die Probleme nicht mehr bis an meine Wurzeln vor.

Jesus entfaltet das Geheimnis unseres Seins am Schluß der Abschiedsreden noch weiter:

»Wie du, Vater, in mir bist und ich in dir bin, sollen auch sie in uns sein. Ich habe ihnen die Herrlichkeit gegeben, die du mir gegeben hast; denn sie sollen eins sein, wie wir eins sind, ich in ihnen und du in mir. So sollen sie vollendet sein in der Einheit.« (Johannes 17,21–23)

Einheit, Einssein ist ein weiterer Schlüsselbegriff der Gnosis. Die Menschen sehnen sich nach Einheit, nach Einheit mit sich selbst, mit der Schöpfung, mit den Menschen und mit Gott. Jesus antwortet auf diese Sehnsucht, indem er aufzeigt, daß wir mit uns selbst und miteinander ganz eins sein können, weil Gott selbst mit uns eins geworden ist. Christus hat uns seine Herrlichkeit gegeben. »Doxa« heißt es im Griechischen. Das meint die Fülle, die Gestalt, die Form. Christus hat uns mit der Herrlichkeit Gottes erfüllt und uns so das Bild enthüllt, das Gott sich von einem jeden von uns gemacht hat. Er hat uns an unser eigentliches Selbst herangeführt. Wir sind durch ihn der inneren Zerrissenheit enthoben, der Zerrissenheit zwischen Geist und Materie, zwischen Verstand und Gefühl, zwischen Gott und Mensch. Wir sind durch ihn eins geworden mit uns selbst, mit unserem Schatten, mit unserem Licht, mit unserem Wesen.

Einssein mit mir selbst bedeutet auch Einverstandensein mit meinem Leben, Ausgesöhntsein mit meiner Vergangenheit und den Wunden, die sie mir geschlagen hat, Einverstandensein mit dem, was mir Gott gerade zumutet in meiner Arbeit, in der Gemeinschaft, in der ich stehe, mit mir selbst. In dieser Erfahrung der Einheit und des

Einverstandenseins gelingt auf einmal, wonach ich mich schon immer gesehnt habe: endlich mich selbst annehmen zu können, restlos ja zu sagen zu mir und meinem Leben. Doch dieses Gelingen ist nicht das Ergebnis meiner eigenen Anstrengung, sondern der Erfahrung der Einheit mit Gott, die mir Jesus in seinen Abschiedsreden zugesagt hat. Die Selbstannahme gelingt mir nicht von selbst, auch wenn ich mich noch so oft dazu antreibe. Ich brauche dazu eine Erfahrung, die mich übersteigt. Wenn all das, was mir so oft aufstößt und mich an mir ärgert, mit Gott eins ist, und wenn ich in der Meditation diese Einheit mit Gott erfahre, dann ist auch alles in mir eingetaucht in Gott, dann kann ich von Gott her auch eins sein mit mir selbst, einverstanden mit meinen Schwächen.

Die Einheit mit mir und mit Gott führt auch zur Erfahrung der Einheit mit den Menschen und zur Solidarität mit der ganzen Menschheit. In Gott werden wir eins mit den Sorgen und Nöten aller Menschen. Aber in dieser tiefen Einheit mit Gott stören die Bedrängnisse durch andere nicht unseren Frieden. Schwierige Mitmenschen mit ihrer Unzufriedenheit und mit ihren Aggressionen wühlen uns nicht im Innersten auf. Wir brauchen uns aber auch nicht mehr von ihnen zurückzuziehen, um uns vor ihnen zu schützen. Im reinen Schweigen vor Gott können wir uns mit ihnen eins fühlen, ohne von ihrer Zerrissenheit selbst zerrissen zu werden. Weil wir in Gott mit ihnen eins sind, sind wir mit den Menschen auf einer tieferen Ebene eins als auf der Ebene der Gefühle. Es ist die

Einheit, die Siddharta bei Hermann Hesse gespürt hat, als er am Fluß saß und die Menschen mit ihren irdischen und oft genug infantilen Sorgen und Wünschen beobachtete. Er fühlte sich eins mit diesen Kindermenschen, spürte ein tiefes Mitleid, war einverstanden mit allem und fühlte überall Gottes Geist wehen.[16]

Die Erfahrung der Einheit ist Gnade, Geschenk Gottes. Jesus sagt uns, daß diese Einheit schon in uns ist. Aber wir spüren sie nicht. Wir können uns in der Meditation dieser Wirklichkeit öffnen, aber ob wir sie wirklich erfahren, das liegt nicht mehr in unserer Macht. Wir sind so tief geprägt von den Worten, die wir täglich hören und selbst sagen, daß die Worte Jesu uns fremd klingen. Wir tun uns schwer, ihnen zu folgen. So müssen wir uns immer wieder vorsagen: das ist die eigentliche Wahrheit unseres Lebens. Gott ist wirklich in uns, und wir sind in ihm. Dann kann es sein, daß wir in der Meditation doch etwas von unserem wahren Wesen ahnen, von unserer Einheit mit Gott, mit den Menschen und mit uns selbst. Wenn wir nach einer solchen Meditation wieder in unseren Alltag zurückkehren, dann ist unser Schreibtisch vermutlich genauso unaufgeräumt wie zuvor. Aber wir gehen die Arbeit in einer anderen Verfassung an. Wir haben Abstand zu dem Rollenspiel, das wir bei unserer Arbeit oft genug spielen müssen. Wir spielen es mit in dem Wissen, daß unser Selbst noch in ganz andere Dimensionen getaucht ist, und daß uns das Mitspielen nicht vom Geheimnis Gottes trennen kann.

Den Tod Jesu schildert Johannes als ein Gehen zum Vater. Das ewige Wort Gottes, das unter uns gewohnt hat, geht nun wieder, um auch für uns beim Vater eine Wohnung zu bereiten. Im Tod haucht Jesus seinen Geist aus, damit er uns erfüllt und belebt. Aus seiner geöffneten Seite treten Blut und Wasser hervor, Bild für die Sakramente, vor allem für Taufe und Eucharistie, die uns ewiges, unvergängliches und göttliches Leben schenken. Nach seiner Auferstehung haucht Jesus die Jünger an und erfüllt sie so mit seinem Geist. Wir leben nun, ohne Jesus weiter sehen zu können. Aber wir sind von seinem Geist durchdrungen. Und in seinem Geist können wir leben wie er, ein Leben in Fülle, ein Leben des Lichtes und der Liebe, ein Leben in Freiheit und Herrlichkeit. Johannes hat uns das Evangelium geschrieben, »damit ihr glaubt, daß Jesus der Christus, der Sohn Gottes ist, und damit ihr durch den Glauben Leben in seinem Namen habt« (Johannes 20,31). Unsere Lebendigkeit ist also das Ziel von Jesu Kommen in unsere Welt. Jesus hat uns gezeigt, was Leben ist, und er hat uns seinen Geist geschenkt, damit nun auch wir wahrhaft leben können, leben nicht mehr auf dem reduzierten Niveau unserer oberflächlichen Sichtweise, sondern leben in den Dimensionen, die Jesus uns erschlossen hat.

VI. *Glauben im Tun der Worte Jesu*

Bei den Forderungen Jesu, etwa in der Bergpredigt, haben wir den Eindruck, wir würden dadurch überfordert. Der Glaube erscheint uns da nicht mehr als etwas Befreiendes, als ein Überstieg auf eine neue Ebene, sondern als Last, die wir tragen müssen, als Gebote, bei deren Erfüllung wir uns mit allen Kräften anstrengen müssen. Aber auch für die Forderungen Jesu gilt das Modell des Glaubens als Übersteigen.

Als Begründung für seine Forderung der Feindesliebe gibt Jesus an, daß wir uns dadurch als Söhne Gottes zeigen sollen. »Liebt eure Feinde und betet für die, die euch verfolgen, damit ihr Söhne eures Vaters im Himmel werdet.« (Matthäus 5,44) Weil wir Söhne Gottes sind, brauchen wir nicht überall auf unserem Recht zu bestehen. Weil wir unsere Identität in Gott gefunden haben, brauchen wir ihr nicht im Umgang mit anderen nachzulaufen. Weil wir von Gott beschützt sind und von ihm getragen und umsorgt werden, brauchen wir nicht mit allen Mitteln um unsere Sicherheit bemüht zu sein. Wenn wir die Forderungen Jesu von dieser Sicht her verstehen, sind sie ein Weg in die Freiheit. Die Freiheit und die Geborgenheit, die wir bei Gott spüren, ermöglichen uns ein für die anderen völlig überraschendes Handeln, ein Handeln, in dem das Gute über das Böse siegt.

Nehmen wir die bekanntesten Forderungen Jesu aus der Bergpredigt:

»Ihr habt gehört, daß gesagt worden ist: Auge für Auge und Zahn für Zahn. Ich aber sage euch: Leistet dem, der euch etwas Böses antut, keinen Widerstand, sondern wenn dich einer auf die rechte Wange schlägt, dann halte ihm auch die andere hin. Und wenn dich einer vor Gericht bringen will, um dir das Hemd wegzunehmen, dann laß ihm auch den Mantel. Und wenn dich einer zwingen will, eine Meile mit ihm zu gehen, dann geh zwei mit ihm. Wer dich bittet, dem gib, und wer von dir borgen will, den weise nicht ab.« (Matthäus 5,38–42)

Keinen Widerstand leisten, meint vermutlich, daß wir mit dem Bösen nicht vor Gericht gehen sollen, um mit ihm um unser Recht zu kämpfen.[17] Im Vergleich zu der Gerechtigkeit, die Gott uns in Jesus Christus geschenkt hat, tritt menschliches Recht so sehr zurück, daß wir es getrost einmal fallen lassen können. Wir verlieren dabei nichts. Wir gehen auf die Herausforderung des Bösen nicht mit Gewalt ein, sondern wir spüren in uns Gottes Geist, der stärker ist als alles Unrecht. Selbst wenn der andere uns auf die Wange schlägt, verlieren wir nichts. Die Entehrung durch Menschen kann uns unsere von Gott geschenkte Ehre nicht schmälern. Daher brauchen wir nicht unter allen Umständen auf unsere Ehre bedacht zu sein.

Bei den Juden war das Untergewand pfändbar. Aber selbst dem Ärmsten durfte man seinen Mantel nicht pfänden, da der Mantel als Schlafdecke benutzt wurde. Jesus sagt nun, selbst auf das mir durch Gesetz zustehende Recht soll ich verzichten. Gott ist es, der mich deckt, der für mich sorgt. Was kann mir denn schon ein Mensch nehmen? Das ist doch nur äußerlich. Darüber soll ich mich nicht aufregen. Ich bin in Gottes Hand. Diese Tatsache ist so faszinierend, daß ich nicht um meinen Mantel kämpfen und auf meinem Recht bestehen muß.

Die römische Besatzungsmacht hatte das Recht, jeden Juden zu zwingen, eine Meile mitzugehen, um den Weg zu zeigen oder eine Last zu tragen. Diesem Recht mußten die Juden sich beugen. Sie taten es nur zähneknirschend. Und während ein Jude dem Römer seinen Koffer trug, wuchs in seinem Herzen der Haß. Die Feindschaft wurde so nur noch vertieft. Jesus sagt nun, statt einer Meile sollten wir zwei gehen. Wir sollten den Römer auf unserem gemeinsamen Weg für uns gewinnen. Wir sollten uns willig anbieten und mit ihm ins Gespräch kommen. Dann werden wir uns nach zwei Meilen als Freunde trennen. Wir sollen den Haß durch die Liebe, das Böse durch das Gute besiegen. Nur das heilt den Riß der menschlichen Gemeinschaft. Nur durch solch überraschendes Handeln, das die vertraute Ebene von Sieg und Niederlage, von Recht und Rechthabenwollen überspringt und von einer anderen Ebene aus mit dem Nächsten umgeht, wird die Zerrissenheit der Menschen untereinander geheilt. Es sind typische Lösungen zweiter Ordnung, die Jesus hier vorschlägt. Gerade durch das für den anderen überraschende Verhalten kann ich den Spalt zwischen den Menschen überwinden und die Verhärtungen des menschlichen Herzens durch die Liebe aufbrechen.

Diese Beispiele, die Jesus als uns gemäßes Verhalten aufzählt, entspringen alle der Erfahrung, daß wir Kinder Gottes sind. Sie werden also erst möglich, weil wir die Ebene unserer Ego-Bedürfnisse überstiegen und erfahren haben, daß unser Selbst in Gott eingetaucht ist. Nur von daher sind diese Forderungen keine Überforderung, sondern Wege in eine größere Freiheit. Jesus schildert den freien Menschen, den Menschen, der in seinem Herzen gespürt hat, daß er ein Kind Gottes ist, von Gott geliebt und geschützt. Nur von dieser Ebene aus kann auch die Feindschaft zwischen den Menschen überwunden werden. Feindschaft entspringt ja immer einer falschen Sichtweise. Ich projiziere meine Fehler in einen anderen und bekämpfe sie dort. So wird der andere mein Feind. Normalerweise nimmt der andere die Projektion an, er läßt sich auf das Feindbild ein und begegnet mir nun selbst feindselig. Wenn wir jedoch die Feindschaft nicht annehmen, weil wir von der Ebene des transzendenten Selbst, von der Ebene unserer Gotteskindschaft aus, den Mechanismus der Projektion durchschauen und den Feind im Licht Gottes sehen, dann kann gar keine Feindschaft entstehen. Vielleicht projiziert der andere weiter auf mich und behandelt mich weiterhin feindlich. Aber wenn ich ihn nicht bekämpfe, sondern für ihn bete, weil ich an die Sehnsucht nach dem Guten in ihm glaube, weil ich glaube, daß auch er von Gott geliebt wird, daß auch er gottunmittelbar ist, dann ist zumindest der Projektionsmechanismus gestoppt. Und es entsteht die Möglichkeit, daß auch der andere seine falsche Sichtweise aufgibt, weil er sich in seinem Sehen von mir nicht bestätigt fühlt.

Wenn wir die Feindesliebe so sehen, dann überfordert sie uns nicht. Im Gegenteil, sie ist weniger anstrengend als die Feindschaft. Jemandes Feind zu sein, ihn bekämpfen und nach Möglichkeit besiegen zu müssen ist sehr anstrengend. Das hält uns in Spannung. Für den anderen beten, an das Gute in ihm glauben, das ist weniger anstrengend. Es bedarf nur eines großen Glaubens, der den anderen von einer höheren Ebene aus betrachtet und behandelt. Schwer ist so ein Verhalten nur deswegen, weil uns die alte Sicht in Fleisch und Blut übergegangen ist und uns von unserer Umwelt immer wieder neu bestätigt wird. Es bedarf daher großen Mutes, sich auf die Sicht des Glaubens einzulassen. Aber wenn wir das einmal probieren, dann erfahren wir in den überraschenden Verhaltensweisen, die Jesus uns empfiehlt, eine innere Freiheit und Freude. Wir spüren, daß der Geist Gottes stärker ist als menschlicher Ungeist, daß die Liebe stärker ist als der Tod, und wir entdecken dann in uns immer mehr Möglichkeiten, mit Phantasie auf die Herausforderungen durch die anderen zu antworten.

Manch einem mag diese Sicht des Glaubens allzu individualistisch sein. Aber sie hat eine gesellschaftliche und politische Konsequenz. Wenn wir die Feindbilder, die unsere Gesellschaft in verschiedene Gruppierungen spalten, durchschauen und aufgeben, dann hat das Auswirkungen nicht nur auf unseren Nachbarn, sondern eben auf den ganzen Staat, ja auf die ganze Welt. Sicher läßt sich die Wirkung nicht statistisch erfassen. Aber wenn an unserer Stelle der Teufelskreis der gegenseitigen Verteufelung durchbrochen ist, dann ist zumindest bei uns ein Stück Frieden wirklich geworden. Und dieser Friede wird seine Kreise ziehen. Wir leben in ständiger Kommunikation mit den Menschen unserer Umgebung. Wir sind beeinflußt von ihrem Denken und Reden, aber wir beeinflussen auch die anderen durch unsere Gedanken und Worte, durch unsere Maßstäbe und Verhaltensmuster. Wir sind eben keine Insel, kein isoliertes Atoll im Pazifik. Weil Jesus an seiner Stelle ein neues Verhalten verkündet und vorgelebt hat, ist durch die Jahrhunderte hindurch etwas anders geworden in unserer Welt. Christus hat eine Bresche in den Kreislauf des Hasses geschlagen. Und diese Bresche soll in uns und durch uns auch heute immer wieder neu geschlagen werden. Gerade im Zeitalter des Terrors ist es heute überlebensnotwendig, daß wir die Worte der Bergpredigt in die Tat umsetzen und durch unser Reden und Handeln zur Versöhnung in der Welt beitragen.

Nehmen wir noch ein paar andere Forderungen Jesu, die uns auf den ersten Blick ängstigen.

Da sind die drei Nachfolgeworte bei Lukas 9,57–62:

»Als sie auf ihrem Weg weiterzogen, redete ein Mann Jesus an und sagte: Ich will dir folgen, wohin du auch gehst. Jesus antwortete ihm: Die Füchse haben ihre Höhlen und die Vögel ihre Nester; der Menschensohn aber hat keinen Ort, wo er sein Haupt hinlegen kann. Zu einem anderen sagte er: Folge mir nach! Der erwiderte: Laß mich zuerst heimgehen und meinen Vater begraben. Jesus sagte zu ihm: Laß die Toten ihre Toten begraben; du aber geh und verkünde das Reich Gottes. Wieder ein anderer sagte: ich will dir nachfolgen, Herr. Zuvor aber laß mich von meiner Familie Abschied nehmen. Jesus erwiderte ihm: Keiner, der die Hand an den Pflug gelegt hat und nochmals zurückblickt, taugt für das Reich Gottes.«

Jesus will uns auch mit diesen Worten nichts Unmenschliches abverlangen, sondern er will uns einweisen in das Geheimnis unseres Lebens und unserer Erlösung. Mit dem Sprichwort von den Füchsen und Vögeln will er uns sagen, daß unsere wahre Heimat im Himmel ist. Jesus ist bei Lukas der göttliche Wanderer, der vom Himmel zu uns in die Fremde gekommen ist, um uns an unseren göttlichen Kern zu erinnern und uns auf dem Weg in die Heimat zu begleiten. Wir gehören nicht der Erde an, sondern sind Söhne des Lichts, Kinder des Himmels. Und dieses Geheimnis unseres Seins erfahren wir eben konkret, indem wir Jesus nachfolgen, indem wir uns hier nicht in den Höhlen einnisten. Auf dem Weg zum Vater im Himmel sind menschliche Anhänglichkeiten sekundär. Da brauchen wir uns nicht um Erbschaftsangelegenheiten zu kümmern und alles genau zu regeln. Das ist für Jesus tot. Und die Toten sollen wir die Toten begraben lassen. Alles, was in unserem Leben tot ist, der reine Erfolg, das Sichabsichern, das sollen wir fahren lassen. Dann erfahren wir die Freiheit der Kinder Gottes.

Jesus nachfolgen, das bedeutet, den Weg zu gehen, den wir vor Gott in unserem Herzen als richtig erkannt haben, unserem inneren Gespür zu folgen und nicht den Forderungen von außen, den Maßstäben unserer Umgebung. Wir möchten zwar gerne der inneren Stimme folgen und unseren Weg gehen. Aber dann wollen wir diesen Weg doch wieder allen gegenüber rechtfertigen. Wir wollen, daß auch die Freunde und Verwandten ihn verstehen und gutheißen. Doch das ist für Jesus nebensächlich. Wir brauchen nicht Abschied zu nehmen, um den Verwandten unseren Weg zu erläutern. Wir sollen einfach gehen, unserer inneren Stimme trauen, in der Gott selbst zu uns spricht. Jesus kann so nur sprechen, weil für ihn die Wirklichkeit Gottes alles andere überragt. Wenn wir im Glauben die Ego-Ebene überstiegen und das Geheimnis Gottes in uns gekostet haben, dann verstehen wir diese Forderungen. Dann sind sie nicht zu schwer, sondern dann sind sie auch Einweisungen in die Freiheit, konkrete Wege, wie sich unsere neue Existenz äußern kann.

Ähnlich mißverstanden wird oft das Wort vom Kreuztragen. »Wer mein Jünger sein will, der verleugne sich selbst, nehme sein Kreuz auf sich und folge mir nach.« (Markus 8,34) Die Selbstverleugnung meint nicht, daß ich nicht ich selbst sein darf. Sie bedeutet vielmehr, daß ich die Ego-Ebene übersteige, das Ich loslasse, um zu meinem wirklichen Wesen zu gelangen, zu meinem Selbst. Und das Kreuz auf sich nehmen heißt nicht, daß ich mir künstlich das Leben schwermache und ständig nach Opfer und Verzicht suche, sondern daß ich mich aussöhne mit meinem Leben, das mich oft genug durchkreuzt, ohne daß ich es will. Mein Kreuz auf mich nehmen heißt, mich annehmen mit meinen Gegensätzen. Ich spüre Gutes und Böses in mir, Licht und Dunkel, männliche und weibliche Züge, Güte und Haß, Zärtlichkeit und Sadismus. All das soll ich annehmen als einen Teil von mir, dazu will mich Jesus mit seinem Wort vom Kreuztragen ermutigen. Und er will damit auch sagen, daß ich mich mit meinen verschiedenen Ebenen annehme, die alle ihr Recht fordern, die zwar übersprungen, aber nicht aufgelöst werden können: die Ego-Ebene mit ihrem Bedürfnis nach Anerkennung, Erfolg, Zuwendung, Angstfreiheit, Ichstärke, Besitz und Macht, die Ebene des Leibes mit ihrem Anspruch auf Lebendigkeit, Gesundheit, auf Befriedigung ihrer Bedürfnisse wie Schlaf, Essen und Trinken, und die Ebene des Selbst, auf der ich zu meinem eigentlichen Kern finde.

Wir sind von unserem Wesen her kreuzförmig. Wir sind an unser Selbst angenagelt. Und wir müssen uns selbst aushalten mit den Gegensätzen, die uns manchmal zu zerreißen drohen. Aber wenn wir sie annehmen, entdecken wir doch in uns eine Mitte, die all die verschiedenen Strebungen in uns zusammenhält. Das Kreuz macht uns weit, wenn wir es annehmen. Und es macht uns offen. Am Kreuz hängen, das heißt, verwundbar sein, verletzlich, ungeschützt, ausgeliefert. Ich kann nichts mehr vor mich halten, keine Maske, keinen Schutz, keine Waffe. Ich öffne mich den anderen, ich verstecke mich nicht mehr hinter einer Maske. Und auf einmal spüre ich, wie dieses Sichöffnen nicht mehr unangenehm ist, sondern wie es mich frei macht und weit. Ich erlebe mich in anderen Dimensionen. Die geöffneten Arme zeigen mir, daß ich größer bin als die Haut, die mich umschließt. Ich bin so groß, wie die geöffneten Arme anzeigen. Und ich bin frei. Ich brauche nichts mehr vor mich zu halten, ich darf mich geben, wie ich bin.

Das meint Jesus, wenn er sagt, wir sollten täglich unser Kreuz auf uns nehmen. Natürlich kann das Kreuz auch die Bedeutung haben, die wir ihm oft geben: Leid tragen, Schwierigkeiten durchtragen, Lasten auf sich nehmen. Gerade im Leid erfahren wir uns durchkreuzt in unserem Willen, das Leben zu meistern. Eine Krankheit wirft uns um und zerstört alle unsere Pläne. Die Frage ist nur, wie ich darauf reagiere, entweder kämpferisch, indem ich rebelliere und die Krankheit zu überwinden versuche, oder resigniert und enttäuscht, daß meine Lebensvorstellungen sich nicht mehr realisieren lassen, oder ergeben, demütig. Das Kreuz auf sich nehmen deutet uns unsere Krankheit und unser Leid um. Es läßt uns darin einen Sinn erkennen und uns die Gemeinschaft mit Jesus fühlen. Kreuz meint jedoch nicht, daß ich sofort ergeben resigniere, sondern daß ich alles Leid zunächst als Herausforderung annehme, es zu überwinden oder zu beseitigen.

Und wenn ich es nicht beseitigen kann, dann ist das Bild des Kreuzes eine gute Möglichkeit, sich mit dem Leid auszusöhnen und darin weise und reif zu werden. Die Forderung Jesu, unser Kreuz täglich auf uns zu nehmen, ist daher auch wieder keine Überforderung, sondern ein Wegweiser zu einem erfüllten Leben, zu einem Leben, das sich nicht krampfhaft an Gesundheit und Erfolg anklammert, sondern offen ist für jeden Augenblick, offen für das je Neue, das Gott uns zutraut.

So ließen sich alle Forderungen Jesu als Weg zu einem freien und erlösten Leben erklären. Wir können die Worte Jesu nur auf dem Hintergrund seiner Verkündigung des Reiches Gottes verstehen. Weil das Reich Gottes gekommen ist, und weil es in uns ist, weil wir durch das Reich Gottes zu unserem wahren Selbst gefunden haben, darum können wir Jesu Forderungen erfüllen. Wenn uns manche Worte Jesu Angst einjagen, dann kann das nur zwei Gründe haben: entweder verstehen wir Jesu Worte nicht richtig, oder wir haben so falsche Maßstäbe verinnerlicht, daß uns die Maßstäbe Jesu für ein erfülltes Leben als Angriff gegen unser Selbstverständnis vorkommen. Auch bei den Forderungen Jesu müssen wir immer auch nach den Erfahrungen fragen, die dahinterstecken. Es sind die Erfahrungen von Erlösung, von neuer

Existenz, von einer solchen Nähe Gottes, daß alles Festhalten an Irdischem sinnlos erscheint.

Manchmal schockiert uns Jesus durch scharfe Worte, um uns die Augen zu öffnen. Er weiß, daß wir manchmal einen Schock brauchen, damit wir unsere Denkgewohnheiten aufgeben und endlich der Wirklichkeit ins Auge schauen. Das Ziel der Worte Jesu ist aber nie Angst, sondern Freude und Friede. Jesus will uns in ein freies und erlöstes Leben einweisen, in ein Leben auf der Ebene eines transpersonalen Selbst. Jesu Gleichnisse und Forderungen wollen uns bewußt die Absurdität einer Reduktion auf die Ego-Ebene zeigen und uns anstoßen, daß wir den Sprung auf die transpersonale Ebene wagen. Erst dann werden wir unsere wahren Möglichkeiten entdecken. Im Handeln nach Jesu Worten erkennen wir erst in aller Tiefe das Geheimnis unserer Erlösung. Glauben heißt nicht nur sehen, sondern von den Worten Jesu her handeln. Und das Handeln führt dann wieder zu einem neuen Sehen. Wir handeln nach den Geboten Jesu, weil wir von ihm erlöst worden sind. Aber indem wir nach den Worten Jesu handeln, entdecken wir zugleich das wahre Geheimnis unserer Erlösung. Sehen und handeln sind also zwei Pole, die sich gegenseitig ergänzen.

Schluß

Manche sagen: Glauben ist Gnade. Und sie meinen dann, sie könnten nichts dazu, wenn sie nicht zu glauben vermögen. Sie hätten eben keine Gnade. Die Gedanken über die verschiedenen Dimensionen des Glaubens sollten uns zeigen, daß wir durchaus auch Schritte des Glaubens zu gehen vermögen. Natürlich ist es immer ein Geschenk, wenn der Glaube gelingt, und wenn wir tief in unserem Herzen sagen dürfen: »Ja, ich glaube. Ich traue Gott. Ich vertraue ihm. Ich weiß mich in Gott geborgen. Ich glaube, daß Gott mich nie fallen läßt.« Aber wir dürfen den Glauben auch lernen. Wir können uns einüben, diese Welt und unser tägliches Leben im Licht der Bibel und der kirchlichen Tradition von Gott her zu deuten. Und es gibt Übungswege, den Glauben als Übersteigen zu erlernen. Dabei ist all unser Lernen von der Gnade Gottes getragen. Denn wir glauben ja, daß wir alle schon durch die Menschwerdung Gottes in Jesus Christus berührt und von Gottes Gnade umgeben und getragen sind. Wir sind schon in der Gnade, wenn wir uns um den Glauben bemühen.

Auf diesem Weg des Glaubens werden wir natürlich immer wieder blockiert durch die Erfahrungen von Mißtrauen und Vertrauensbrüchen, die wir erlebt haben. Und manchmal hindert uns die Grundstruktur unserer Seele daran, uns im Glauben getragen zu wissen. Das Ringen um den Glauben ist ein ständiger Prozeß. Er dauert unser Leben lang. Immer wieder müssen wir neu nach einem Glauben suchen, der uns trägt, und der uns heute hilft, unser Leben von Gott her zu verstehen und anzunehmen, uns in allen Gefährdungen und in schmerzlichen Widerfahrnissen in Gottes Hand zu wissen. Der Glaube ist nie ein Besitz, den wir in der Hand haben. Er entschwindet uns auch immer wieder, damit wir ihn von neuem erringen. Aber bei allem Suchen und Ringen sollten wir uns bewußtmachen: Wir suchen nach dem Glauben immer schon als Menschen, die Gott in Jesus Christus besucht und mit seiner Liebe und Gnade beschenkt hat.

Die Gedanken über den Glauben als Vertrauen, Umdeuten und Übersteigen sollten zeigen, daß die Dimensionen des Glaubens uns auch in neue Dimensionen des Lebens führen. Der Glaube befreit uns von unserer Grundangst, daß wir in uns keinen letzten Halt haben. Er befreit uns von unserem Leistungsdruck, der sich gerade auch im religiösen Bereich oft einschleicht. Und er ermöglicht uns ein erfülltes Leben, ein Leben in Gelassenheit und Ruhe, ein Leben, das die Reduktion auf das Vorfindbare übersteigt und die tiefsten Bedürfnisse unseres Herzens aufgreift. Aber der Glaube ist kein Besitz, den wir festhalten können. Der Glaube ist immer auch angefochten durch Zweifel. Ja, der Zweifel gehört notwendigerweise zum Glauben.

Wenn wir in unserer Angst Gott vertrauen wollen, steigen Zweifel in uns auf, ob Gott uns denn wirklich hört, oder ob wir gegen eine Wand reden. Wenn wir im Glauben unser Leben sehen und umdeuten, zweifeln wir, ob unsere Umdeutung nicht Einbildung ist. Und wenn wir im Glauben die Ego-Ebene übersteigen und uns unserem wahren Selbst zuwenden, kann auch der Zweifel kommen, ob wir uns da nicht etwas vormachen.

Wenn in mir solche Zweifel hochsteigen, versuche ich, den Zweifel zu Ende zu denken. Ich sage mir dann: Ja, es kann wirklich sein, daß mein Glaube Einbildung ist, aber was bedeutet das, wenn die Bibel und die vielen heiligen Bücher in allen Religionen nur eine Selbsttäuschung sind, wenn die vielen frommen und heiligen Menschen nur einer Illusion nachgelaufen sind? Alles wäre nur ein Trick, damit es uns hier erträglicher ginge. Wenn ich mir das vorstelle, dann kommt ein klares Gefühl in mir hoch, nein, so absurd kann die Welt nicht sein. Die vielen Menschen, die auf Gott ihre Hoffnung gesetzt haben, sind für mich Beweis genug. Die Erfahrungen, die sie gemacht haben, die Weisheit, die aus ihnen spricht, ihre Gelassenheit und Zuversicht, ihre Liebe und ihr selbstloser Einsatz für andere, das alles erscheint mir echt zu sein. Das kann keine Selbsttäuschung sein. Und selbst wenn das alles Einbildung wäre, dann wäre die gegenteilige Ansicht, daß Gott nicht existiert, daß mit dem Tod alles aus ist, auch nur Einbildung. Denn dann müßten wir zugeben, daß wir im Grunde die Wirklichkeit nicht erkennen können. Aber selbst wenn wir das zugeben, daß wir letztlich nicht wissen, wie es sich wirklich verhält, dann würde ich mich dennoch lieber für die Alternative des Glaubens entscheiden. Sie scheint mir zum einen plausibler zu sein, zum anderen macht sie für mich das Leben lebenswerter und reicher. Denn ohne die Sicht des Glaubens gäbe es keine Kunstwerke, keine romanischen Kirchen, keine gotischen Dome, keine Bachkantaten, keine Matthäuspassion, keinen Messias von Händel, keine Symphonien von Mozart und Beethoven. Unsere Welt wäre sehr arm und leer.

Aber die Leere der Welt ist nicht der einzige Grund für den Glauben. Zutiefst in unserem Herzen ahnen wir alle, daß die Sicht des Glaubens stimmt, daß dieser Jesus von Nazareth von Gott gekommen ist, daß er Sohn Gottes ist, der uns ein neues, von Ängsten befreites Leben ermöglicht, der uns erlöst hat aus allen Verstrickungen der Schuld. Wenn wir die Evangelien lesen, dann wird in unserer Seele etwas angesprochen. Wir können zwar sagen, das sind unsere archetypischen Vorstellungen. Aber das würde mir nicht genügen. In meinem Seelengrund weiß ich zutiefst, das ist die Wahrheit, ja das stimmt, das ist der Weg zu Gott. Und das ist ein guter Weg, ein Weg, auf dem ich wahrhaft zu meinem Ziel komme, auf dem all meine Sehnsüchte erfüllt werden, auf dem mein unruhiges Herz zur Ruhe kommt, ein Weg, der mich lebendig macht, der meinem Leben neue Dimensionen erschließt, der mich zur Erfahrung der Einheit mit Gott, dem wahren Grund allen Seins führt, und der mich in der Einheit mit Gott auch eins werden läßt mit meinem innersten Kern und mit allen Menschen.

Anmerkungen

[1] Vgl. dazu vor allem E. Drewermann, Tiefenpsychologie und Exegese, Bde. I und II, Olten 1984 und 1985.

[2] Vgl. dazu die Auslegung von E. Drewermann, Tiefenpsychologie und Exegese, Bd. II, S. 247 ff.

[3] Vgl. F. Riemann, Grundformen menschlicher Angst; E. Drewermann, Psychoanalyse und Moraltheologie, Bd. I, Mainz 1982, S. 145 ff.

[4] Vgl. Anselm von Canterbury, Proslogion.

[5] Vgl. A. Maslow, Psychologie des Seins.

[6] A. Maslow, Eine Theorie der Metamotivation, in: R. N. Walsh, Psychologie in der Wende, S. 144.

[7] Ebd., S. 47.

[8] K. Wilber, Wege zum Selbst, S. 171 f.

[9] Ebd., S. 174 f.

[10] Ebd., S. 172.

[11] R. N. Walsh, F. Vaughan, Psychotherapien im Vergleich, in: Psychologie in der Wende, S. 187. Das folgende Zitat ebd., S. 208.

[12] J. Bugental, Stufen therapeutischer Entwicklung, ebd., S. 218. Dort auch das folgende Zitat.

[13] Anselm v. Canterbury, Proslogion l, zitiert nach Lektionar zum Stundenbuch, Einsiedeln und Freiburg 1980, II/1, S. 34 f.

[14] Augustinus, Vorträge über das Johannesevangelium 18,10, zitiert in: Texte der Kirchenväter, 1. Bd., München 1963, S. 350 f.

[15] Augustinus, Erklärung der Psalmen, zu Psalm 46,8, zitiert ebd., S. 353 f.

[16] Vgl. H. Hesse, Siddharta, Berlin 1923, S. 126 f.

[17] Vgl. zum folgenden: W. Grundmann, Das Evangelium nach Matthäus, Berlin 1968, S. 171 ff.

Die Lebenskunst der Klöster

Münsterschwarzacher Kleinschriften

VIER-TÜRME-VERLAG
Telefon 09324/20-292 · Telefax 09324/20-495
Bestellmail: info@vier-tuerme.de / www.vier-tuerme.de

Johanna Domek

Befreiungen

24 meditative Fragen der Bibel

Gebunden, 120 Seiten
ISBN 3-87868-287-5

Wer Fragen stellt, gilt oft als etwas schwer von
Begriff. Dabei sind Fragen Ausdruck einer ech-
ten Sehnsucht. In den biblischen Erzählungen
stellen Fragen Schlüsselmomente der Begegnung
des Menschen mit Gott dar. Wer sich diese zu
eigen macht, öffnet sich für eine neue Offenbarung Gottes in der Welt.

Vier-Türme-Verlag

97359 Münsterschwarzach Abtei
Telefon 0 93 24 / 20-292 Telefax 0 93 24 / 20-495
Bestellmail: info@vier-tuerme.de
www.vier-tuerme.de

Anselm Grün u.a.

Ich bin bei euch alle Tage

Das spirituelle Jahreshörbuch

Doppel-CD mit Textheft
130 Minuten Spielzeit
ISBN 3-87868-307-3

Alles hat seine Zeit. Und doch zerrinnen viele Tage
in Hektik und Besinnungslosigkeit. Momente der
Einkehr und Sammlung wirken da wie Oasen für
die Seele. Dazu lädt das Hörbuch ein: mit Texten
zum Auftanken und Klängen zum Verweilen. Die
Stimmungen des Tageslaufs bekommen einen neu-
en Geschmack, sie verbinden sich zu einem bunten
Reigen der Monate und Jahreszeiten.

Vier-Türme-Verlag

97359 Münsterschwarzach Abtei
Telefon 0 93 24 / 20-292 Telefax 0 93 24 / 20-495
Bestellmail: info@vier-tuerme.de
www.vier-tuerme.de

Münsterschwarzacher Kleinschriften

herausgegeben
von den Mönchen der Abtei Münsterschwarzach

Band 39

Anselm Grün

Dimensionen des Glaubens

Vier-Türme-Verlag

7., überarbeitete und aktualisierte Auflage 2004
© Vier-Türme GmbH, Verlag, Münsterschwarzach
Alle Rechte vorbehalten
Umschlaggestaltung: Morian & Bayer-Eynck, Coesfeld
Umschlagmotiv: Morian & Bayer-Eynck, Coesfeld
Gesamtherstellung: Vier-Türme GmbH, Benedict Press,
Münsterschwarzach
ISBN 3-87868-350-2
ISSN 0171-6360

Inhalt

Einleitung

In Gesprächen höre ich immer wieder die Klage: »Ich kann nicht glauben. Ich tue mich schwer mit dem Glauben.« Andere wissen nicht mehr, was sie glauben sollen. Oft werde ich danach gefragt, wie man denn aus dem Glauben konkret leben könne. Ich versuche, genau hinzuhören, was die Menschen unter Glauben verstehen. Es ist nicht so klar, was der einzelne mit dem Leben aus dem Glauben meint. Manche denken beim Glauben an das Gesamt des religiösen Lebens, an die Frage, wie ich heute in einer Welt, in der alles berechenbar ist, aus dem Glauben heraus mein Leben gestalten könne. Andere denken beim Glauben an die konkreten Sätze, die sie glauben sollten. Dabei höre ich große Verunsicherung heraus. Sie wissen gar nicht, wie sie die vielen Dogmen oder wie sie das Glaubensbekenntnis verstehen sollen. In diese Unsicherheit hinein möchte ich einige Aspekte des Glaubens in dieser Kleinschrift entfalten.

Das Vorbild des Glaubens sieht die Bibel in Abraham. Der Apostel Paulus zitiert in seinem Brief an die Galater die Aussage der Schrift: »Abraham glaubte dem Herr, und der Herr rechnete es ihm als Gerechtigkeit an.« (Genesis 15,6; Galater 3,6) Der Glaube des Abraham bestand darin, daß

7

er dem Wort Gottes mehr traute als dem, was er sich selbst geschaffen hatte. So gehorchte er dem Wort Gottes und zog aus seiner Heimat aus, um sich dort niederzulassen, wo Gott es ihm befohlen hatte. Glaube hat hier mit Vertrauen, aber auch mit Gehorsam zu tun. Ich verlasse mich auf die Zusage Gottes und handle ihr entsprechend.

Der Hebräerbrief bringt als einziges biblisches Buch eine Definition des Glaubens: »Glaube aber ist: Feststehen in dem, was man erhofft, Überzeugtsein von Dingen, die man nicht sieht.« (Hebräer 11,1) Hier erscheint ein anderes Verständnis des Glaubens. Glaube ist hier Feststehen, auf einem festen Grund stehen. Auch das Alte Testament kennt dieses Glaubensverständnis, wenn es bei Jesaja heißt: »Glaubt ihr nicht, so bleibt ihr nicht.« (Jesaja 7,9) Man könnte dieses Wort auch so übersetzen: »Glaubt ihr nicht, dann habt ihr keinen festen Stand.« Der Glaube gibt meinem Leben eine feste Grundlage, auf der ich bauen kann. Aber diese Grundlage besteht nicht in einzelnen Sätzen und Worten, sondern letztlich in Gott. Glauben heißt: auf Gott bauen, ihm vertrauen, von ihm her mein Leben verstehen.

Die Dogmatik unterscheidet zwischen dem, was ich glaube (fides quae creditur), und dem Glauben als Akt des menschlichen Daseins (fides qua creditur). Und sie kennt den Glauben an eine Person (fides cui creditur). Im letzteren Sinn ist der Glaube nicht nur das Vertrauen in Gott als dem, der mich geschaffen und mich in Jesus Christus erlöst hat, sondern schließt auch die Hingabe an Gott und die Selbstübergabe an Gott mit ein. Der Glaube besteht darin, daß ich nicht krampfhaft an mir festhalte, sondern mich Gott überantworte, weil ich diesem Gott vertraue, daß er es gut mit mir meint, und daß er weiß, was für mich der Weg ist, der zum wirklichen Leben führt. Und die Dogmatik spricht von den Glaubensinhalten. Schon die frühe Kirche hat ihren Glauben in konkreten Sätzen ausgedrückt. Der zentrale Satz ihres Glaubens war dabei: Christus ist für uns gestorben, und er ist auferstanden. Tod und Auferstehung Jesu sind die zentralen Inhalte des Glaubens. Aber sie sind nicht einfach Sätze, an denen man festhalten und die man sich gegenseitig um die Ohren schlagen könnte. Vielmehr verwandelt sich durch das Ereignis des Todes und der Auferstehung Jesu unser gesamtes Leben. Unser Leben bekommt eine neue Grundlage. Und wir können uns anders verstehen. Der Glaube an den Tod und die Auferstehung Jesu schenkt uns ein neues Selbstverständnis und eine neue Sicht des Lebens.

In dieser Kleinschrift vermag ich nicht eine neue Theologie des Glaubens zu entfalten. Es geht mir nur darum, auf dem Hintergrund der vielen Gespräche auf einige Aspekte des Glaubens einzugehen. Ich möchte den Menschen mit ihren Fragen antworten, die sie mir oft nach Vorträgen stellen. Dabei gehe ich von der Bibel und von der Dogmatik aus. Aber ich versuche, die Aussagen der Heiligen Schrift und der christlichen Tradition mit Erkenntnissen heutiger Psychologie zu verbinden. Dabei ist mir besonders die *transpersonale Psycho-*

logie wichtig geworden. Die Auseinandersetzung mit ihr hat mir einen neuen Aspekt des Glaubens gezeigt: »Glauben als Übersteigen unserer Wirklichkeit«. Dieser Aspekt ist nicht neu. Denn ihn hat schon das Johannesevangelium entfaltet. Dort heißt es: Wer glaubt, »ist aus dem Tod ins Leben hinübergegangen« (Johannes 5,24). Der Glaube ist also ein Aussteigen aus einer erstarrten Welt des Funktionierens und ein Hinübergehen in eine andere Welt, in die Welt Gottes. Ich lebe mitten in der Welt aus Gott heraus. Ich übersteige das, was ich sehe, und versuche, das Sichtbare von der Ebene des Glaubens aus zu verstehen und auf diese Weise anders damit umzugehen.

Die transpersonale Psychologie bezieht sich auf diese Ebene jenseits der psychologischen Ebene, auf die Ebene des transpersonalen Selbst, auf die Ebene, auf der unser wahres Selbst eingetaucht ist in Gott. Im Glauben übersteigen wir die Ich-Ebene, auf der wir normalerweise leben, auf der wir bestimmt sind von unserem Bedürfnis nach Anerkennung, Erfolg, Zuwendung, Besitz, Macht, Zärtlichkeit und Liebe. Im Glauben verlassen wir diese Ebene. Wir benutzen den Glauben nicht, um unser Bedürfnis nach Geborgenheit und Zuwendung zu befriedigen, sondern wir stoßen im Glauben auf unser eigentliches Geheimnis vor, auf das Geheimnis unseres Selbst, das nicht mehr berührt ist von Ängsten und Enttäuschungen, Wünschen und Bedürfnissen, sondern das verbunden ist mit Gott.

Bei diesem Modell »Glauben als Übersteigen« definieren wir uns nicht mehr von unserer Leistung und Anerkennung her, von dem, was die Menschen von uns halten und über uns sagen, sondern von dem her, was Gott von uns hält, und was Gott von uns sagt, von dem her, was Gott mit uns und aus uns macht, was wir von Gott her sind, nämlich, daß wir Söhne Gottes sind, daß wir mit Christus auferweckt worden sind. Von der Definition unseres Menschseins hängt es ab, wie wir mit unserem Leben zurechtkommen, wofür wir uns anstrengen, wodurch wir enttäuscht werden, ob wir uns überfordern oder aber gelassen und froh, frei und zufrieden leben können. Die Definition des Glaubens ermöglicht es uns, die Ebene von Erfolg und Anerkennung zu übersteigen und zu unserem eigentlichen Geheimnis vorzudringen.

In Beichtgesprächen und Vorträgen durfte ich erfahren, daß der Ansatz der transpersonalen Psychologie für viele eine Hilfe war, daß er ihnen unmittelbar einleuchtete und ihnen zeigte, wonach sie im Glauben suchen sollten. Der Ansatz ermöglichte es ihnen, die Definition der Bibel von unserem erlösten Dasein mit offenem Herzen aufzunehmen und zu verstehen. Auf einmal wurde klar, was der Epheserbrief als Wesen unserer Existenz beschreibt:

»*Gepriesen sei der Gott und Vater unseres Herrn Jesus Christus; er hat uns mit allem Segen seines Geistes gesegnet durch unsere Gemeinschaft mit Christus im Himmel. Denn in ihm hat er uns erwählt vor der Erschaffung der Welt, damit wir heilig und untadelig leben vor Gott; er hat uns aus Liebe im voraus dazu bestimmt, seine Söhne zu werden durch Jesus Christus und nach seinem gnädigen Willen zu ihm zu gelangen, zum Lob seiner herrlichen Gnade.«* (Epheser 1,3–6)

So möchte ich diesen Ansatz hier entwickeln und dann durch die Aussagen des Johannesevangeliums weiter entfalten. Denn das Johannesevangelium entspricht am besten diesem Modell. Es sagt uns, wer wir sind, nicht, was wir sein sollen, und auch nicht in erster Linie, was wir tun sollen. Während das Verständnis des Glaubens als Vertrauen durch eine tiefenpsychologische Schriftauslegung[1] vertieft werden kann, so wird uns hier eine theologische Schriftauslegung zur Erkenntnis führen, wer wir im Grunde eigentlich sind. Die theologischen Aussagen über unser wahres Wesen stehen dann nicht in einem luftleeren Raum, sondern lassen uns in einer neuen Weise leben und mit den Problemen unseres Alltags fertig werden.

Erst vom Geheimnis unserer Erlösung her können wir dann auch die Forderungen des Glaubens richtig verstehen, wie sie uns etwa in der Bergpredigt Jesu und in seinen Nachfolgeworten begegnen. Das Tun folgt aus dem Sein. Erst wenn wir verstanden haben, wer und was wir sind, was wir durch Jesus Christus geworden sind, können wir seine Weisungen als Weg in die Freiheit der Söhne und Töchter Gottes sehen, ohne uns von ihnen überfordert zu fühlen und ohne uns von ihnen in Angst versetzen zu lassen. In der Bergpredigt wird uns ein Weg gezeigt, wie wir im Alltag aus dem Glauben heraus leben und unser Miteinander gestalten können.

Die verschiedenen Dimensionen des Glaubens, die ich in dieser Kleinschrift zu entfalten versuche, wollen den Menschen helfen, die sich mit dem Glauben heute schwertun. Heute gibt es ja zwei grundlegende Gefahren bei der Suche nach einem Glauben, der trägt. Die eine Gefahr ist die Ausdünnung des Glaubens auf einige vage Vorstellungen von einer höheren Macht, die es wohl gibt. Man reduziert den Glauben auf das, was heute alle glauben, und was auf dem großen spirituellen Markt angeboten wird. Dieser Gefahr möchte ich begegnen, indem ich bewußt auf die dogmatischen und biblischen Grundlagen des Glaubens eingehe. Die zweite Gefahr ist die fundamentalistische Richtung. In ihrem Streben nach einer sicheren Grundlage für ihren Glauben legen die Fundamentalisten sich auf einzelne Worte und Sätze fest, die sie vehement gegen alle Andersdenkenden verteidigen. Aber sie fragen nicht danach, was die Glaubensaussagen eigentlich bedeuten. Sie wollen alle Zweifel überwinden, indem sie sich krampfhaft an dogmatischen Aussagen festklammern. Doch der Zweifel gehört notwendig zum Glauben. Der Zweifel zwingt uns, uns immer wieder zu vergewissern, worauf wir wirklich unser Leben bauen und was die einzelnen Aussagen des Glaubens wirklich meinen. Er zeigt uns, daß Gott immer jenseits unserer Worte und Bilder ist. Es ist immer der unbegreifliche und unbeschreibliche Gott, an den wir glauben. Die vielen Dimensionen des Glaubens wollen uns davor bewahren, uns zu einseitig auf einzelne Sätze zu fixieren.

Auch auf eine andere Not möchte ich mit dieser Kleinschrift antworten. Ich erlebe viele, die aus dem Glauben leben möchten, aber es nicht vermögen, weil verletzende Erfahrungen in der Kindheit oder traumatische Erlebnisse in ihrer kirchlichen Sozialisation sie daran hindern. Die mangelnde Erfahrung von Urvertrauen in ihrer Kindheit macht es ihnen schwer, wirklich auf Gott zu vertrauen. Sätze wie »Das mußt du einfach glauben« haben sie wie eine Keule erlebt, aber nicht als Hilfe für ihr Leben. Auf ihre Fragen wurde nicht eingegangen. So haben sie den Glauben eher als etwas erlebt, das man einfach schlucken muß, ohne zu hinterfragen, was man glaubt. Als sie angefangen haben, selbständig zu denken, haben sie den Glauben häufig über Bord geworfen. Jetzt spüren sie, daß er ihnen fehlt. Auf ihre Erfahrungen möchte ich antworten, indem ich meine eigenen Fragen bedenke und ernst nehme. Ich möchte den Lesern und Leserinnen einen Weg zeigen, daß ihr Glaube vor ihrem eigenen Verstand und vor ihrem Herzen Bestand hat, und daß sie sich mit gutem Gewissen auf den Weg des Glaubens einlassen können.

I. Glauben in den Bildern der Sprache

In Gesprächen über die Dogmen tauchten zwei
Schwierigkeiten auf. Die einen Gesprächsteilnehmer hatten überhaupt Probleme mit den Dogmen. Für sie sind die Dogmen Sätze, die wir für
wahr halten müssen. Und sie fragen, wie denn die
Kirche die Wahrheit so unfehlbar erkennen und
verkünden könne. Bei Dogmen denken sie gleich
an das Lehramt, das in kirchlicher Enge alle abweichenden Meinungen verurteilt. Dogmen sind
für sie nichts Befreiendes, sondern etwas Einengendes, Angstmachendes. Die anderen dagegen
haben Angst, die Dogmen zu hinterfragen. Sie
meinen, damit würden die Dogmen sofort relativiert. Doch Aufgabe der Theologie ist es – so
sagt es mein Namenspatron, der hl. Anselm –,
immer wieder zu fragen, welche Erfahrung hinter
den Sätzen des Glaubens steckt. »Fides quaerens
intellectum – Der Glaube sucht nach Einsicht«,
das ist das Programm des hl. Anselm. Es heißt für
mich, immer wieder neu zu fragen: Was ist damit
gemeint? Wie kann ich dieses Dogma verstehen?
In welcher Sprache kann ich es heute formulieren,
daß ich selbst und andere etwas damit anfangen
können. Die Dogmen müssen in jeder Zeit neu in
die jeweilige Zeit übersetzt werden. Ich kann mich

15

nie damit zufriedengeben, ein Dogma ausreichend erklärt zu haben. Dogmen habe in sich eine Weite, daß sie immer wieder neu in jede Situation hinein übersetzt werden müssen. Die Sprache versucht, das Unaussprechliche auszudrücken, so daß unser Verstand es begreifen und annehmen kann.

Ich will versuchen, auf beide Schwierigkeiten einzugehen. Zunächst ist das Mißverständnis zu beseitigen, daß Dogmen uns etwas über irgendwelche seltsamen Dinge und Fakten sagen wollen, die wir dann einfach, ohne sie nachzuprüfen, annehmen müssen. Die Dogmen entfalten nur die eine Tatsache, daß wir durch Tod und Auferstehung Christi erlöst worden sind. Um dieses zentrale Geheimnis unseres Glaubens geht es in allen dogmatischen Sätzen. Damit aber beziehen sich alle Glaubenssätze auf uns Menschen, auf unsere Beziehung zu Gott, auf Gottes Tun an uns. Sie deuten uns unsere Erfahrung von Heil und Erlösung. Sie sind keine abstrakten Sätze, sondern drücken menschliche Erfahrungen aus. Um die Dogmen daher richtig zu verstehen, müssen wir nach den Erfahrungen fragen, die dahinterstehen, und die in ihnen Gestalt gewonnen haben. Wenn wir nach den Erfahrungen suchen, die sich in den Dogmen ausdrücken, so werden wir uns in den Dogmen wie in einem Spiegel sehen. Und wir werden uns in diesem Spiegel besser und wirklichkeitsgerechter erkennen als durch bloße Innenschau. Die Dogmen sagen uns, wer wir eigentlich sind, was das Geheimnis unseres Lebens, unserer erlösten Existenz ist. Die Dogmen rufen in uns die Erfahrungen wach, die wir auf dem Grund unserer Seele gemacht, die wir aber immer wieder verdrängt haben, weil wir keine Worte dafür fanden. Weil wir keinen Ausdruck für unsere Erfahrung hatten, konnten wir sie auch nur undeutlich wahrnehmen. Was sich nicht ausdrücken läßt, das verschwindet auch wieder aus unserem Bewußtsein. Die Dogmen drücken unsere tiefsten Erfahrungen aus und geben uns so den Mut, das, was wir im Grunde unseres Herzens spüren, als echt anzunehmen und aus dieser Erfahrung heraus zu leben.

Die Dogmen deuten also unsere Erfahrung, sie deuten unser Leben von Gott her, von dem her, was Gott an uns getan hat durch Jesus Christus, und was er uns gesagt hat in den Schriften des Alten und Neuen Testaments. Die verschiedenen Glaubensinhalte entfalten die Umdeutung unseres Lebens, wie sie in Tod und Auferstehung Jesu am radikalsten geschehen ist. Allerdings zeigen die Glaubensinhalte, daß die Umdeutung des Glaubens nicht willkürlich geschehen kann, sondern sich auf ein geschichtliches Faktum und auf die Tat Gottes an Jesus von Nazareth bezieht. Wir deuten unser Leben in den Dogmen nicht um, damit wir leichter und gesünder leben können, sondern weil Gott an uns gehandelt hat, weil er uns durch seinen Sohn Jesus Christus erlöst hat. Aber auch hier würden uns die reinen historischen Fakten des Lebens Jesu nicht weiterhelfen. Aus den Fakten allein können wir nicht erkennen, daß wir durch Christus erlöst worden sind. Das kann uns nur der Glaube sagen, der diese Fakten auslegt und deutet, und der durch die Deutung der Fakten auch unser Leben umdeutet. Dieser Glaube hat sich in den Aposteln und Evangelisten immer mehr entfaltet und wurde von der Kirche in den Dogmen in eine feste Form gebracht. Die Dogmen betreffen nie nur die richtige Sicht auf Gott, sondern immer auch auf den Menschen. Sie schaffen einen Rahmen, in dem wir auf Gott und auf den Menschen schauen. Und sie geben uns eine gewisse Sicherheit, daß wir nicht mit einer verfälschenden Brille auf Gott und auf unser Leben blicken.

Die Kirche hat die Dogmen immer dann aufgestellt, wenn falsche Deutungen unserer Erlösung durch Christus vorgetragen wurden. Die Dogmen grenzen ab und schließen irrige Deutungen aus. Aber sie sind nie letzte Wahrheit. Sie legen nur die Richtung fest, in der wir suchen sollen. Das Geheimnis Gottes und das Geheimnis unserer Erlösung sind immer größer, als menschliche Worte es ausdrücken können. Die Dogmen sind Bilder unseres Heils. Über Gott und über das Geheimnis unserer Erlösung kann man nicht in wissenschaftlichen Begriffen sprechen, sondern nur in Bildern, die Raum lassen für das je größere Geheimnis Gottes, das sich dem Zugriff unserer Begriffe entzieht. So sind die Dogmen keine Sätze, die vom Himmel gefallen sind, und die wir einfach zu schlucken haben, sondern Pfähle, an denen wir uns vorantasten sollen, um das Geheimnis unserer Erlösung durch Jesus Christus immer mehr zu verstehen. Die Dogmen bleiben unsere Richtschnur, die wir nicht verlassen dürfen. Sie sind verpflichtend für unser Suchen. Sie schließen eine willkürliche Deutung des Glaubens aus, aber sie entheben uns nicht der Verpflichtung, immer weiter zu bedenken und zu erforschen, was sie eigentlich sagen wollen. Sie wollen uns »den unergründlichen Reichtum der Liebe Christi verkündigen und enthüllen, wie jenes Geheimnis Wirklichkeit geworden ist, das von Ewigkeit her in Gott, dem Schöpfer des Alls, verborgen war« (Epheser 3,8f).

Wenn wir die Dogmen so verstehen, dann bleiben sie keine dürren theoretischen Aussagen, sie lassen uns vielmehr einen Blick tun in das Geheimnis Gottes und in das Geheimnis des Menschen, der allein von Gott her richtig gesehen werden kann. Nehmen wir etwa das Dogma von der Dreifaltigkeit. Es sagt uns, daß der Geist, den wir in uns erfahren, nicht bloß Gabe Gottes, sondern Gott selbst ist, daß wir durch den Geist eingetaucht sind in Gott. Und Gott ist kein starres Sein, sondern in sich schon Bewegung, Gemeinschaft, Liebe. Das Dogma bringt also zum Ausdruck, was unser innerstes Wesen ist, daß Gott selbst in uns wohnt, daß Gott uns trägt als Vater, daß er in Jesus Christus unser Bruder geworden ist, der uns auf unserem Weg begleitet, und daß er uns seinen Geist gesandt hat, der uns durchdringt, mit göttlichem Leben erfüllt und uns mit dem Vater und dem Sohn eint.

Oder nehmen wir das Dogma von der Aufnahme Mariens in den Himmel. Viele haben damit ihre Schwierigkeiten. Sie meinen, die Kirche würde da etwas über Maria sagen, was sie gar nicht

19

wissen könne, was zumindest aus der Bibel nicht nachgewiesen werden könne. Doch das Dogma entfaltet nur das Geheimnis unserer Erlösung, es denkt darüber nach, wie die Erlösung durch Jesus Christus sich an uns auswirkt. In den Dogmen über Maria ist immer auch das Schicksal des Menschen im Blick. Maria ist für die frühe Kirche der Typus des erlösten Menschen. Alle Aussagen über Maria sind daher Aussagen über den Menschen und über das Geheimnis unserer Erlösung. In dem Dogma sagen wir also von Maria, was für uns alle gilt, was Gott an uns allen getan hat und tun wird. Und da bekommen die Aussagen auf einmal eine ganz aktuelle Bedeutung. Wir Menschen werden mit Leib und Seele zu Gott kommen. Leib, das meint alle Erfahrungen und Erlebnisse, die wir hier auf Erden machen. Im Leib treten wir in Beziehung zueinander. Im Leib drücken wir unsere Liebe aus, unsere Zuneigung. Leib beinhaltet unsere Verwundbarkeit, unser Fühlenkönnen, unsere Lebendigkeit, aber auch unsere Einmaligkeit, unsere Individualität, unser Mannsein und unser Frausein.

Das Dogma von der Aufnahme Mariens in den Himmel sagt etwas über die Würde des Menschen aus. Wir werden mit unserem Leib, das heißt mit unserer Sexualität, mit unseren Wunden, mit unseren Sehnsüchten, mit unseren Erfahrungen und mit unserem Fühlen im Tod zu Gott kommen. Alles wird hineingerettet in Gott. Es ist ein Dogma der Hoffnung. Wenn wir es meditieren, dann können wir entdecken, daß auch unser Leib ein Organ der